DESNUDANDO MI SER
© Nino Ceinos
Diseño de portada: Dpto. de Diseño Gráfico Exlibric

Iª edición

© ExLibric, 2026.

Editado por: ExLibric
c/ Cueva de Viera, 2, Local 3
Centro Negocios CADI
29200 Antequera (Málaga)
Teléfono: 952 70 60 04
Fax: 952 84 55 03
Correo electrónico: exlibric@exlibric.com
Internet: www.exlibric.com

ISBN: 979-13-88079-97-9
Depósito Legal: MA 335-2026

Impresión: PODiPrint
Impreso en Andalucía – España

Nota de la editorial: ExLibric pertenece a Innovación y Cualificación S. L.

NINO CEINOS

DESNUDANDO MI SER

ExLibric

ANTEQUERA 2026

Dedicatorias

Quiero dar las gracias a todas las personas que me han animado a escribir y publicar mis relatos, que los leen y los critican; a personas como mi difunta hermana Finuca, receptora de mis confesiones; a Alicia, mi primera esposa y compañera de vida por tanto tiempo; a esa estupenda amiga y musa portuense, Veli, la cual me ayudó a enfocar mi primera novela, *Ulpiana*; a mis lectores cero, aquellos que leen los escritos antes de ser publicados y que me dicen cómo los ven; como Emilio (Trastolillo), mi gran amigo cántabro; Juan Ignacio, el *alter ego* vasco-asturiano; María, la motera jerezana; Ana, la manchega golfista; al grupo de la asociación poética de L'Almazara, que pacientemente ha escuchado mis relatos; y, cómo no, a mi Pepa, que me da su apoyo y su amor día a día

Hay más personas que no he nombrado, pero que están presentes en mi memoria y en mi agradecimiento.

Gracias a todos.

Capítulo primero

ARRANCANDO CON UN POCO DE MI HISTORIA

Carta a mi padre

No me duelen los golpes, padre, ni siquiera los correazos que me diste sin saber por qué, sin tener conciencia de qué mal podía haber hecho para hacerte enfadar así conmigo. Qué rabia desataba yo en ti para que te quitases el cinturón y, cogiéndolo por la punta, me golpearas con la hebilla.

Gracias a que tu mujer, mi madre, se interpuso entre nosotros y con ella no te atreviste. Yo solo buscaba tu aprobación, buscaba ese cariño que me mostrabas cuando estabas contento, cuando no te molestaban mis juegos ni mis voces y ruidos.

Aún no sé por qué y eso es lo que más me duele, lo único que realmente me duele aún hoy en día: el haber tenido un padre que nunca hizo de eso. Tu violencia me hizo mejor persona. Nunca jamás he golpeado a un hijo hicieran lo que hicieran, pero mis primos americanos me rehuían cuando aparecía en escena con ellos; entonces mi violencia se volvía contra ellos con la misma piedad que tú demostrabas conmigo, con una intensidad que mi madre intentaba calmar.

Tu abandono fue una bendición, aunque entonces no lo entendiera. Se acabaron los maltratos y pude canalizar mi violencia hasta dominarla y encauzarla.

Llevo como puedo tu apellido, apellido que han heredado mis hijos y que uno de ellos me dijo en una ocasión, en la que yo le confesé que quería cambiarlo, que no lo hiciera, que él lo llevaba con orgullo porque su padre era su ejemplo a seguir.

Me consta que tu padre, mi abuelo, era una gran persona y por las noticias que me llegaron con los años, tu hermano también lo era.

Fuiste un borrón en esa dinastía, afortunadamente, y no creaste escuela. Hace mucho tiempo que dejé de echarte en falta, realmente no me hiciste falta.

Despedida

No puedo dejar de pensar en esa mirada, esos ojos ya cansados, despejados de la tirantez del dolor que habían estado padeciendo, con la tranquilidad que dan los calmantes profundos y la paz de espíritu que solo una vida larga, colmada de tantas y tantas alegrías y decepciones, de esperanzadores augurios y penosos recuerdos, de miedos irracionales y unas ganas de vivir impensables para alguien que había estado pasando por algunos episodios depresivos, debidos en gran medida a la impotencia de sentirse atada a un cuerpo en decadencia acelerada, esa mirada, con expectativa incierta del futuro cercano.

Ahora, unos días después, cuando estoy dejando fluir los sentimientos sin apenas freno y veo en mi memoria esa mirada, esa expresión tan tierna, tan infantil, tan agarrada a este mundo, tan queriendo decir que seguirá aquí, pero que sabe que no estará por mucho tiempo, esos pedazos de alma que desparrama en palabras tanto en tan pocas expresiones, esos recuerdos son de lo mejor que podías dejarme, madre querida, y espero que sepa transmitirles a mis hermanos, sobrinos, hijos y esposa lo que tanto hemos echado de menos en vida, lo que no hemos sido capaces de ver.

Te quiero, mami, lo sabes, me consta, y espero que la vida que has encontrado después de esta sea, al menos, como tú querías, que estés con tus seres queridos y que tengas la tranquilidad y paz de espíritu que te mereces.

No puedo dejar de ver imágenes tuyas, las de los últimos tiempos procuro que no dominen a las otras, y cuando aparece de nuevo esa mirada se me encoge el alma y no dejo de sentir que estarás en mí mientras tenga capacidad para recordarte.

He tenido la enorme suerte de poder estar contigo en esos momentos, de hablar contigo, de despedirnos mutuamente y poder servirte de mensajero para aquellos que siempre han estado en tus pensamientos; hemos estado viviendo juntos en tus últimos dos años, en los que hemos llegado a hartarnos mutuamente con nuestras pequeñas miserias diarias, haciendo gala de las miserables virtudes de nuestra estirpe Matienzo/Rodríguez. Y todas estas calamidades diarias han desembocado en esos escasos minutos que tuvimos para hablar en la madrugada del día 26 de febrero. Tenía que haberlo sabido. Estabas dejándonos huérfanos el mismo día de febrero que te quedaste tú huérfana de padre, y en esos escasos minutos y con tan escasas frases me dejaste esa mirada.

En la soledad de la noche, en un reluciente, enorme y moderno hospital, con los pasillos vacíos de gente, sin actividad alguna, sin parientes de nadie, sin apenas personal sanitario ni de servicios, con el silencio reflejado en el eco de mis pasos por los suelos limpios y nuevos, con la angustia de la espera, me dirigí a la zona de urgencias en busca de contacto humano con la disculpa de tomar un café; mientras duró estuve rodeado de peticiones angustiosas de remedio y esperanza de algunos, de actitudes impertérritas de los que han visto de todo por parte de otros, de impaciencias, nervios, indiferencias ahuyentadoras de contactos no deseados. Regresé a la zona inhóspita de espera de noticias y cuando entró el cirujano con su ayudante supe que no había nada que hacer, su lenguaje corporal lo decía todo. ¡Qué ser humano más humano! Gracias, doctor, no sabrá nunca cuánto le agradezco que fuera claro y directo, cálido y exacto.

Mami, estando entre nosotros ya no estabas. ¡Qué dolor! ¡Y qué alegría! La soledad ya se había terminado, la incertidumbre dejó paso al pesar del corazón y a la alegría racional de saber que estabas sin dolor y sin sufrimiento, de saber que habías vivido durante noventa años, que habías visto cómo se transformó el mundo, cómo el hombre llegaba a la Luna, el nacimiento y desarrollo de la televisión, de los ordenadores, de los teléfonos móviles, de la aviación comercial, del cambio espectacular en la música, la moda, el florecimiento del feminismo, una guerra mundial, la bomba atómica, dos matrimonios, cinco hijos, que por fin evitaste tus grandes miedos, quedarte sola y arruinada y el dolor de la muerte. Fuiste feliz en tus matrimonios al principio de ellos, disfrutaste de tus hijos cuando eran pequeños, los recuperaste después de haberlos perdido y has podido conocer a tus biznietos, incluso al que te proporcionó tu nieta más joven.

No podré verte durante unos años, espero que la otra vida sea real y no un cuento de hadas. Si es así, ya nos veremos, me queda una vida por vivir aún.

Te llevo dentro de mí, formas parte de mi ser como hombre, mi memoria te mantendrá viva en esta vida mientras me funcione. Te quiero.

Rehén emocional

Rehén emocional.
Mendigo emocional.

Sentir un miedo aterrador a la pérdida de la persona a la que se ama es ser un rehén emocional, y esta hará con su víctima lo que se le antoje.

Un mendigo no teme a la pérdida en sí, teme perder la esperanza de ser amado por esa otra persona, y hará lo que crea necesario para tener ese amor.

Un mendigo puede convertirse en rehén, es más, será la consecuencia natural.

La liberación de esa atadura afectiva es dura, difícil, costosa emocionalmente, pero nunca tan costosa y dura como la situación en sí misma.

Mi querida hermanita, no sé cómo podría expresarte lo que siento, lo que estoy viviendo de un mes a esta parte. Ya te conté el «enchulamiento» que tuve con una mujer desde fin de año; duró realmente una semana. En ese período los fuegos artificiales fueron espectaculares, y no me arrepiento de nada de lo hecho o dicho en esos días.

Después fue sumergirme en un lago de lágrimas, un recrearse en el dolor para sentirme vivo; fue muy intenso y me hizo sentir muy vivo. En total duró un mes.

Con ello entendí que había recuperado mi capacidad de sentir y de amar, que tenía que ser un poco más paciente antes de lanzar las campanas al aire y ver un poco objetiva y fríamente quién es y cómo es la otra persona, qué piensa, cómo siente, cómo habla y se mueve, qué le interesa, de dónde viene, qué quiere hacer; en fin, conocerse un poco mejor. Hemos quedado como buenos amigos, nos relacionamos en los puntos que tenemos en común, el arte, la música, el cine, la comida… Hace un mes tuve una cita con otra mujer y estoy, mejor dicho, estamos conociéndonos. Tenemos muchísimo en común, desde el barrio donde crecimos (éramos casi vecinos en Marceliano y en Gutiérrez Solana), la educación que tuvimos, la situación socioeconómica de nuestras familias, la ideología política y religiosa de nuestros padres y abuelos…

Los dos estamos de acuerdo en ir despacio, en no quemar etapas y disfrutar de todas y cada una de ellas. No hay fuegos artificiales ni géiseres en explosión, está siendo un goteo como esa lluvia fina que cala y profundiza en la tierra, que rellena los acuíferos subterráneos y alimenta a toda la flora. Si seguimos así será maravilloso. De momento vamos tranquilos.

Primera cita. Caminé desde la casa de los abuelos hasta pasado el Museo del Prado, fuimos a una exposición de fotografía de un brasileño, Sebastião Salgado, donde vimos que nuestro encuentro iba a posibilitar alguno más, que físicamente nos gustamos e intelectualmente también. Nos volvimos caminando los dos desde allí hasta donde había dejado el coche aparcado, la llevé a su casa, muy cerca del Paseo de la Habana, más arriba de mi colegio. No hubo más, solo la satisfacción de haber encontrado alguien próximo y de abrir una puerta nueva. Ese paseo, ese caminar juntos, fue suficiente para ver que podía haber algo más que un interés en otra persona.

La segunda cita fue el sábado siguiente. Paseamos por el parque del Oeste, cerca de la Casa de Campo y del río Manzanares (sí, ya sé que allí no sería considerado un río, pero las cosas se miden según los parámetros de cada país, de lo que hay en el entorno), y, cogidos de la mano, recorrimos su interior y sus aledaños. De regreso, ya de noche, vimos iluminado el Palacio Real, la Almudena y el Madrid de los Austrias, con el cielo estrellado sobre nosotros, y nos dimos allí mismo nuestro primer beso. Ni que decir tiene que las estrellas se apagaron, el palacio y la catedral desaparecieron, el puente sobre el que estábamos dejó de existir, y solo quedamos ella y yo, su alma y la mía.

Ir despacio para nosotros tiene un significado un poco peculiar. Significa que en vez de salir de allí a toda prisa y marcharnos a su casa o a la mía, lo que hacemos es despedirnos sin querer separarnos, pero lo hacemos. Será que somos un poco supersticiosos y no queremos avisar a nuestros demonios, que se queden tranquilos sin sacarlos de paseo, que nos permitan saber más el uno del otro y que podamos aprender a querernos de verdad, por lo que realmente somos, no por lo que queremos que seamos. Y tengo que decirte que es precioso descubrirse así despacio, un descubrimiento detrás de otro, asimilando lo nuevo a la idea del conjunto, creando una imagen muy real en la que podamos confiar. Porque la confianza es la base, la confianza en el otro, en que lo que nos dice y cuenta es lo que es, que no hay otra cosa detrás, no hay intención oculta, no hay intención de impresionar o engañar o falsear. Nos hemos estado desnudando el alma día tras día y mostrándola tal cual es. Y, ¿sabes?, es adorable. Me tiene tan enganchado que me duele no estar con ella. Pero no quiero depender de ella, ni que ella lo haga de mí. Porque, ¿sabes?, siento que ella vive nuestra relación igual que yo. Nos lo contamos, como todo lo demás, pero es que yo lo siento, y siento que ella también me siente a mí, y es maravilloso. Y lo hacemos porque queremos, desde nuestro propio ser, desde nuestra propia independencia emocional. Por eso somos capaces de frenar y disfrutar de lo caminado, de lo aprendido, y podemos recargar las baterías de la ilusión aunque ello nos lleve a sentir las mariposas revolotear en el estómago cada vez que hablamos por teléfono o que vemos un nuevo mensaje por WhatsApp. Sí, ya sé que no somos unos críos, ni unos jovenzuelos, ni siquiera unos maduros cuarentones, pero ¡qué carajo! ¡Desde cuándo el amor tiene edad! Y si la tuviera, nos importa un bledo. ¡Para esto nos encanta ser transgresores!

Cuando vamos caminando juntos por las calles de Madrid, o por donde sea, cogidos de la mano, con los dedos entrelazados y ajustando el paso el uno al otro, siento mi alma expandirse y flotar, creo que todo es posible, que he encontrado a la persona con la que quiero vivir el tiempo que me quede, sentir ese amor profundo, suave, cálido, tierno, sensual, pasional que me inspira, que me hace sacar del fondo de mi ser lo mejor que tengo y dárselo, ofrecérselo.

Tenemos caracteres fuertes ambos, que será motivo de más de un encontronazo, estaturas muy distintas (1,80 frente a 1,60), inteligencias complementarias, sensibilidades muy próximas aunque las cosas que nos hacen vibrar puedan diferir. Iremos descubriendo los puntos de divergencia y, si las cosas son como parecen ser, no las arrinconaremos, sino que las tendremos en cuenta y las respetaremos, intentaremos comprenderlas y, si no podemos, simplemente sabremos que están ahí, que forman parte del otro y que, por lo tanto, son adorables también. El resto de las citas, que ya han sido alguna más que fines de semana, son nuestras, nuestra intimidad, nuestro mundo.

Decirte una cosa, para que te hagas una idea de cómo es. Es la única persona, no ya mujer sino persona, que, habiendo visto el primero de los álbumes de fotografías familiares, no solo ha visto y comentado foto a foto, sino que ha captado la diferencia de mi actitud y expresión entre las fotos de los dos últimos años en P. R. y las primeras tomadas ya en España. Nadie se había fijado hasta ahora. Ello habla de su capacidad de observación, de su sensibilidad para captar las emociones o el estado emocional de los demás. Fueron los años de los malos tratos hacia mí de mi padre, cuando salió de la cárcel en La Habana y nos fuimos a P. R.

No te cuento más de momento, ya te iré diciendo según avance nuestra relación.

Un beso y un abrazo, mi querida hermana, con un rico y sabroso café sentados juntos al fresco de la noche brasileña.

Historia de familia

Ya tengo mi coraza puesta, la lucha con el mundo sigue con el asunto de la herencia de mi abuelo Mariano, uno de los hijos de Ulpiana (si has leído *Ulpiana* sabes de quién hablo). Es una herencia enrevesada, realmente creo que todo viene de cuando mis abuelos legales adoptaron a mi tía Maruca siendo un bebé y, al ver que se criaba sola, adoptaron a mi madre, que ya tenía cuatro años. Ambas eran hijas de una hermana de mi abuelo, también hija de Ulpiana, que tuvo doce hijos. Mi abuelo no podía tener hijos por culpa de la sífilis que se agarró siendo un joven con posibles en Cuba, allá por principios del siglo XX.

La relación de mi madre con sus padres adoptivos fue afectivamente muy dura, se apoyó en su hermana Maruca, mayor que ella. Mi madre siempre se consideró hermana de sus hermanos biológicos y supongo que también hija de su madre. Es posible que guardase cierto rencor hacia ella por dejar que la separasen de su familia. Con cuatro años ya se conocen esos sentimientos de pertenencia. Si mi abuela legal, la esposa de Mariano, hubiera sido más afectiva con ellas dos, las cosas hubieran sido de otra manera. Mi madre me contaba cosas que sufrió y que, pasados ya cincuenta y tantos años, seguían doliendo. No olvidaba la sensación de pérdida que experimentó cuando se alejaba de su casa por el camino arbolado y veía cómo su madre miraba su marcha y ella sabía que no volvería a vivir allí.

Otra escena que le dolía era cuando su tía y madrastra la obligó a llamarla mamá si quería que le hiciera caso.

O cuando veía cómo peleaba con «armas de mujer» por la exclusividad del amor de su marido hacia ella y que no prestara atención a sus hijas.

El caso es que la relación entre ellos no fue clara ni cálida, solo entre las dos hermanas hubo afinidad y complicidad mientras vivieron bajo el paraguas de mi abuelo (para mí siempre fue mi abuelo, no llegué a conocer a los biológicos). Maruca se casó y mi madre se quedó sola y aterrada de ser el blanco de las tensiones familiares y buscó la única salida para la que fue educada: casarse. Un matrimonio desastroso, el primero, de donde nacieron mis hermanos. El segundo no fue mejor, pero eso no viene al caso ahora.

Esas relaciones tan enrevesadas llevaron a decisiones por todas las partes, y algo que siempre había estado claro desde el punto de vista de mi abuelo (la herencia sería para sus dos hijas o descendientes) fue alterado de manera que el lío dura aún. Esta venta acabará con ello de una vez, pero el retorcimiento de toda la operación está siendo digno de la vida que llevaron, no tiene desperdicio.

Y me ha tocado a mí, nieto de Mariano, hijo de Fina (mi madre) y biznieto de Ulpiana, cerrar el círculo de despropósitos. Mi coraza volará en pedazos en breve. Espero.

Eventos

Hace tanto que no nos vemos y que no hablamos que no te he contado algunas cosas.

Ayer te comenté lo acontecido con mi prima Toya (Victoria) y su depresión, pero no creo haberte comentado nada o muy poco de mi relación con ellas dos. Son dos de las tres hijas de un primo de mi madre, Jesús, hijo a su vez del hijo mayor de mi bisabuela Ulpiana, tronco común de la familia. O sea, son primas segundas. Suca, la hermana intermedia (la mayor es Machús, María Jesús), se vino a vivir a Valdelagrana hace cuatro años, cuando ya se había jubilado; su marido, Curro (Amador), es doce años mayor que ella y era un asiduo de Cádiz años ha, antes de conocer a Suca. Son segundo matrimonio por ambas partes y ya llevan veinticinco años juntos.

Toya, por su parte, se casó con un natural de Aranda de Duero y estuvo viviendo allí varios años; tuvieron un hijo que ahora tiene treinta y siete años y trabaja y vive en Bratislava con una eslovaca, la cual habla español e inglés. No tienen hijos aún.

Toya se divorció y se volvió a Madrid, donde ha estado trabajando mucho tiempo en Ocaso. Cuando Suca y Curro se vinieron a Cádiz, ella acabó pidiendo el traslado a Jerez y aquí sigue. Se jubila en febrero y quiere irse a Valdelagrana, cerca de su hermana, cosa lógica porque en Jerez solo tiene «amistades laborales».

Entre los cuatro se ha establecido una corriente afectiva só-
lida de apoyo mutuo y nos vemos con frecuencia, tanto en Jerez
como en Valdelagrana o El Puerto mismo.

Además, en ciertas ocasiones aparecen primos (otra rama,
hijos de la prima de mi madre Leíto, hermana de Jesús) que pasan
aquí un puente largo o un par de semanas. Alguno, me dicen
ellas, está valorando trasladarse aquí desde Santander, donde viven
varios hermanos. Jesús tuvo tres hijas y Leíto cinco hijos.

Eso por esa línea.

Por otro lado, llevo más de dos meses tratando de cerrar
un trato de venta de la casa de mi madre. Es el último resto
pendiente de la herencia de mi abuelo y de mi madre, ya te lo
contaré en persona porque es un rollo escribirlo. El caso es que
a la dificultad de poner de acuerdo a cinco herederos súmale los
procedimientos legales para inscribir en el registro de la propie-
dad la vivienda a nuestro nombre, localizar a un comprador que
no se asuste (y tiene un mérito enorme) y llegar a un acuerdo
en los más mínimos detalles. Y eso con la diferencia horaria con
Puerto Rico y las diferencias legislativas de ambos. Explícale a
un puertorriqueño lo que es la plusvalía municipal cuando le va
a tocar soltar dinero…

Hay más, pero lo dejo para otro escrito.

Y a todo esto parece, porque parece que es así, que podemos
establecer una comunicación fluida entre nosotros.

No voy a escribirte acerca de mis sentimientos hacia ti, los
conoces de sobra; te escribiré sobre mi vida, pensamientos, emo-
ciones, a la espera de ver si abres la puerta para conocernos, si
volvemos a vernos, a pasear juntos, a tomarnos olorosos y finos
con tapa, a redescubrir pinares y bosques, playas y montañas.

Hoy has contestado a mis mensajes y me he sentido feliz, ilusionado, te he sentido de nuevo con tu fuerza y esa pasión con la que te enfrentas al mundo, solo mostrada en una sencilla frase.

Seguiremos, ¿verdad?

Eventos sigue...

Como te iba contando…

Estoy en el banco esperando a que venga de desayunar la persona que me citó el pasado martes… acaban de abrir al público y ya se han ido a desayunar. Y digo yo, ¿no podían haber desayunado antes de abrir al público? En fin, son cosas que nunca he comprendido. Regreso a mis «eventos».

Una tarde me encontré una solicitud de amistad en Facebook de una mujer llamada Kristi Pardo Smith, en un español difícil de entender. Pardo es mi apellido por parte de padre, como sabes (es así, ¿verdad?), me llamó la atención y miré su perfil. Pensé que sería otro intento de contactar aprovechando esa coincidencia y lo ignoré.

Al día siguiente mi hermana Finuca me dice que Kristi es la hija de un hermano mío por parte de padre. ¡Flash! ¿De quién? ¿Cómo? Hablé con ella por Messenger y me dio detalles que confirmaron esa aseveración, y me puso en contacto con su madre, mi cuñada. Mira por dónde aparece una parte de mi pasado que no conocía más que por referencias tangenciales que me hizo mi madre («tienes un hermano del primer matrimonio de tu padre»). Así que de pronto tengo un hermano, una cuñada, dos sobrinas… y mi cuñada me dice que su marido murió en octubre pasado, que su hija mayor ha sido operada de un tumor cerebral, que ella está ayudándola en su casa con los niños y que su yerno es un gringo insensible y egoísta.

¡Vaya! Hablamos todos los días durante la primera semana y nos contamos cosas de nuestras vidas, así que me entero de que mi padre murió con sesenta y nueve años, es decir, hace más de veinte años, unos diez después de que él se pusiese en contacto conmigo a través de una agencia de detectives. Entonces yo tenía treinta y cinco y Jorge, mi hijo, aún no había nacido.

Esto es un inciso, pero creo que es importante. Ese contacto fue fugaz, tres cartas y se acabó. Tres cartas en las que me dijo cómo y dónde vivía y qué había pasado en su vida (fotos de las heridas de guerra en Bahía de Cochinos, de su casa, de su coche…), en otra quiso justificar su *espantá* diciendo que había ido a mejorar la situación económica de la familia cuando él no sabía que yo leí la carta de despedida que le dejó a su esposa, a mi madre, aparte de que yo supe que cuando se fue vendió todo lo que pudo (coches, mi perro, cobró el seguro mío de universidad, recogió todo el dinero que pudo del negocio que tenía, a medias con un socio al que arruinó…) y finalmente me pidió dinero. No se lo di y volvió a desaparecer de mi vida. Ya te conté que fue un maltratador conmigo, que cuando tenía entre tres y cinco años, viviendo ya en Puerto Rico, me pegaba con un cinturón descargando su mala uva con un crío indefenso y que si no hubiera sido por mi madre hubiera sido más frecuente y más duro.

Afortunadamente se marchó y yo recuperé mi sonrisa y mis risas con el tiempo.

Esto ha derivado del objetivo inicial, me enrollo demasiado.

Eventos más

Volviendo a mi cuñada… Por ella he confirmado cierta información acerca de mi familia paterna, como que mi abuelo era asturiano, de Oviedo, y que emigró a Cuba, donde conoció a su mujer, cubana de nacimiento y de ascendencia andaluza; es lo que me faltaba, unas gotas de sangre andalusí en mis venas a pegarse con la astur, la castellana y la vasca.

Mi cuñada me confirmó que mi padre abandonó a su primera mujer y a mi hermano cuando este tenía poco más de un año. Luego se casó con mi madre, nací yo y también nos abandonó.

Total, se casó trece veces, ¡trece veces! Mi madre fue la que duró más, según cuentan, y afortunadamente no tuvo más hijos. Son datos que de alguna manera te pueden dar una idea de por qué actúo como lo hago. Gracias al psicoanálisis soy capaz de ver mis mecanismos de defensa, pero no puedo evitarlos siempre, aunque sí puedo analizarlos a posteriori.

Esos eventos, unidos a la actitud de mi madre para conmigo, marcaron mi conducta básica, fueron los asideros de mi personalidad para fijar mi desfondamiento inicial. Emocionalmente es parte de mi base. Con el tiempo he visto, mejor dicho, he comprobado, que me he pasado media vida buscando la aprobación de mi padre, pensando que por culpa mía mi padre me daba de correazos. ¿Por hacer qué? ¿Cosas de niños?

En aquellos años se disparó mi agresividad y parece ser que mi respuesta en las relaciones con los niños de mi edad era a puñetazos. De hecho, una prima puertorriqueña, años después, me habló del terror que sentía cuando me veía aparecer por las patadas que le propinaba.

Una vez que nos dejó y poco a poco esa agresividad, esa energía, pude encauzarla y dirigirla a mi actividad vital. No he tenido otro impulso descontrolado de ira desde los nueve años. Aquella vez le di un puñetazo a un chico que me sacaba una cabeza de altura, le tumbé al suelo y le salté una muela. Eso me hizo comprender que la ira no podía conducirme a ningún buen lugar y que la fuerza en sí misma no es útil si no está bien dirigida. A mis hijos nunca les he puesto la mano encima y no he tenido una pelea física desde entonces.

Experiencias moteras

Esta tarde decidí ir a Leroy Merlin a comprar unas briquetas para la chimenea y ver si tienen tornillos de métrica de 8 más largos de los que tengo en el portabaúles; estoy harto de que se aflojen con las vibraciones, los resaltos y adoquines y no quiero que un día pueda perder el baúl en marcha. Así que me fui para allá. De camino veía el cielo amenazante de tormenta sobre Cádiz y pensé: «¡Qué demonios! Seguro que llego antes que la lluvia, compro en un santiamén y salgo pitando para casa».

Llegué antes, eso sí; busqué las briquetas, que estaban en el mismo lugar que la vez anterior. Tres modorras estaban delante hablando de cualquier cosa y me bloqueaban el paso y el acceso; esperé, se movieron y no muy delicadamente me metí a coger mi bloque. Me importa una higa lo que pensaran. De allí fui a la ferretería, vi una llave de tubo y una fija mixta que venían al pelo, vi unos tornillos con cabeza de tuerca y sus tuercas con freno, cogí todo y me fui a caja tan contento.

En la caja, una sola abierta, estaban intentando meter la compra de otra gente en su cuenta y había problemas. Toda la fila parada. Por fin acaban y avanza el siguiente. Al pagar se pone a recolectar las monedas, a contar, a recoger las que se caen, a charlar con la cajera. Todo parado. Llevo cuatro cosas.

«Va a ponerse a llover, verás», pienso impaciente.

Se marcha y va el que me precede. Este va rápido. Paso yo.

—¿Tiene tarjeta Leroy? —pregunta.

—No —contesto.

—¿Quiere bolsa?

—No, gracias.

Pago y salgo.

Suena la alarma. Viene seguridad, saco todo de los bolsillos y sigue sonando.

«¡Leñe!».

—Será la cazadora, déjemela y la desactivo.

«¿Desactivar una cazadora? ¿De qué habla?», estaba pensando cuando me explica que a veces en las tiendas no desactivan los testigos de seguridad que ponen en la ropa…

Paso el control por fin y está jarreando fuera.

«Me lo temía. Pues me tomo un café y hago tiempo, durará poco».

El café estaba rico, y el vaso de agua que llevé a mi mesa lo volqué encima de mí. «¡Joder! No te querías mojar con la lluvia y te pringas aquí, capullo».

Salgo de nuevo y vuelve a sonar la alarma, pero como han cambiado el turno, vuelta a empezar.

Mientras, miro afuera y parece que no llueve.

Ya por fin paso el control y salgo a la calle.

Llueve suave.

«Bueno, es llevadero». Preparo todo, seco el asiento. «¿Para qué?», me imagino que un observador me preguntaría eso. «Me jode sentarme sobre mojado», le respondo en mi juego.

Sonrío. «Estás tocado, tío».

Arranco y me voy.

Llueve ligeramente y decido ir por el camino más corto, autovía, donde puedo controlar mejor el tráfico. Se ha hecho de noche y las gotas de lluvia en el visor del casco hacen de lupa con las luces traseras y con los faros de los coches.

Circulo por la derecha, tras un vehículo, a 90 km/h. Me estoy mojando menos de lo que esperaba, no tengo frío en el cuerpo, pero las manos se me están congelando. Los coches me adelantan, circulan deprisa y sus ruedas traseras levantan una lluvia de barro y agua. Acelero, les adelanto y voy libre de barro, solo agua.

Decido entrar por el pueblo, ya de noche cerrada; prefiero circular por el centro, veré mejor y podré levantar la visera. El tráfico con lluvia es especial, no sabemos circular en esas circunstancias.

Aun y con todo, disfruto de la experiencia. Voy mojado, pero contento y caliente.

Entro por la calle que lleva directo a mi urbanización.

Arrecia la lluvia, pero ya falta poco.

Parece que hay charcos.

«Última rotonda».

Curva suave, ligera cuesta, luces de frente…

El coche que viene hacia mí entra en un charco profundo y levanta una ola que me tapa enterito… La sensación del surfista debajo de la ola… Y controlando…

Susto, indignación, satisfacción y risa.

«¿Quién te manda salir con la previsión de lluvia, cabezota?».

Llegado a casa estaba chorreando de arriba a abajo, me voy desnudando camino de la ducha caliente y sigo sonriendo.

No tengo remedio.

Sentir la libertad

Eso es para mí lo que siento al conducir una moto; el viento azotando, la vibración del motor subiendo desde los pies hacia las tripas hasta llegar a las manos; el equilibrio, la precisión, la dirección, el control completo de viajar en una máquina volando a ras de suelo a una velocidad no humana, y no me refiero a batir récords, con ir a cien kilómetros por hora ya es suficiente. Luego hay otras satisfacciones, esas que te da el ver venir una curva y dejarla llegar sin levantar el puño del gas, sin frenar, y trazar con suavidad y elegancia, saliendo con una ligera aceleración que te saca de ella limpiamente. Eso es un placer solo igualable por el beso de la mujer que amas.

Imagina que te encuentras en un trazado de carretera con curvas a derechas e izquierdas, más o menos cerradas, con el asfalto limpio de baches y sin tráfico, y que vas enlazando una detrás de otra… Eso es un viaje de placer. Eso es lo que pude disfrutar esta tarde entre El Puerto de Santa María, Rota, Costa Ballena, Sanlúcar, Trebujena y Jerez.

Día de hoy

Hoy ha sido un día emotivo. El recuerdo del nacimiento de mi hija, el escrito plasmando todo ello, rememorando las sensaciones, la profunda alegría que me produjo, la tensión del examen en el que me jugaba la progresión en mi trabajo en la empresa donde entonces prestaba mis servicios, la sorpresa de escuchar «niña» cuando yo estaba seguro de que era niño, y que conste que no era lo que deseaba, es que estaba seguro de que iba a ser así; de ahí la sorpresa.

Mi hija fue una bendición desde su concepción misma, y mira que fue un desastre de coito, pleno de inexperiencia (la primera vez para los dos), de precipitación, de torpeza, de inundación de hormonas… La noticia de su concepción hizo que por fin decidiésemos casarnos y vivir juntos, y eso se lo agradeceré siempre.

Como bebé fue una delicia, ni una mala noche, y como su madre decidió no darle el pecho pude disfrutar del placer de tenerla en mis brazos mientras devoraba su biberón.

Sus dos palabras fueron «unta unta» para pelota y balones, y «ufaula» para la bufanda, aparte de otro sinfín, pero estas no se me han olvidado. Su hermano, años después, dejó su sello con «altobús» y «tigurón» para autobús y tiburón. Todos estos recuerdos me han rodeado durante el día y me han sacudido incluso estando con mis queridas primas; ellas han leído mi escrito y lo hemos comentado en la comida que Toya nos ha preparado para celebrar el estreno de su nueva casa en Valdelagrana.

Ahora, tirado en el sofá, harto de buscar algo digno que ver en TV, vuelvo a dejar fluir mis recuerdos, vuelvo a sentir esa emoción de aquel día como si estuviera allí, miro a la mujer en que se ha convertido, sus valores, su energía, sus miedos, su determinación, y me siento satisfecho y feliz, contento por haber soltado en el mundo una joya de ese valor.

Recuerdos

Haber tenido la fortuna de conoceros, de haber disfrutado de vosotros, de amaros, es algo que le agradezco a la vida. No elegí padres (ella vive en mí, él olvidado), ni hermanos, ni tíos, ni primos; elegí a mis amigos, y ahí están muchos de ellos, tan vivos en mi ser como estuvieron en vida.

A quien amé tengo presente y sigo amando. Nada puede cambiar eso. Ya no pueden defraudar ni mentir; serán lo que recuerde. Sus actos y pensamientos expresados están conmigo: sus afectos, sus regalos, sus advertencias, sus ánimos, sus risas y miradas, sus ejemplos. Vivir con ellos nos hace humanos, nos hace sentir la vida, nos empuja y nos da consuelo.

Gracias por haberme aceptado en vuestras vidas.

Nos veremos.

Responsabilidad

Yo no soy culpable pero, entonces, ¿por qué me siento responsable? Su vida no es la mía. Ya le expliqué cuáles eran mis intenciones y mis expectativas, que no pasaban por una relación amorosa con ella. Pero me echa en cara que yo abrí la «caja de Pandora» con mis caricias. Nunca pensé que acariciar sus pies, estando ella tumbada en un sofá donde yo estaba sentado, podría desarrollar el amor en ella. Por más que le dije que estaba enamorado de otra mujer, parece que eso no impidió su enamoramiento. Ahora me culpa a mí de su situación. Creo que esta mujer tiene algo más que una depresión y yo no soy su solución. Vivir en la misma casa sería un desastre.

Capítulo segundo

Filosofía personal y vital

Mi concepto de hombre

Parto desde la base, nunca mejor dicho en función del desfondamiento explicado por Luis Cencillo, de ver al ser humano como un individuo, como una unidad biológica y psicológica independiente y social; biológica porque somos un conjunto organizado de células, de átomos en detalle, de energía en definitiva. Y psicológica porque todo ese entramado biológico está regido y dirigido por una psique con sus propios procesos.

No entro en decir si la psique es el alma inmaterial e inmortal, característica dogmática de las creencias religiosas cristianas, o cualquier otra disquisición metafísica; solo mantengo que ese aspecto del ser humano le da su principal característica en la Naturaleza.

Ese individuo así conformado es de inicio independiente como unidad y dependiente socialmente en toda su trayectoria vital.

Su propia genética confiere unas características físicas innegables que le harán interactuar con el ambiente (percibir y actuar) de una forma específica y única, y a su vez su psique reciclará las percepciones de forma concreta en base a su propia estructura neuronal y a su aprendizaje, entendiendo por aprendizaje la asimilación emocional e intelectual de experiencias sensoriales de todo tipo.

Partiendo de ahí veo el mundo desde la individualidad de cada uno y que, como animal social, depende de los demás para su desarrollo y subsistencia conservando su propio ser único. Como bien describieron la misma realidad del universo los presocráticos

Heráclito y Parménides, todo fluye y a su vez todo permanece. El hombre, visto en su esencia física, no deja de renovar sus células, de evolucionar física e intelectualmente, pero nunca pierde su esencia de ser; siempre será él mismo aunque su corporeidad sea distinta.

Y ese Ser, en su aspecto psicológico, viene al mundo con una carga genética, como ya he dicho, que configura los elementos biológicos y hace que cada individuo perciba su entorno de una manera particular y única, y que sus procesos intelectuales tengan una manera de comportarse guiada o basada en su biología.

Pero eso no es todo.

La mente de cada uno viene limpia a este mundo y el entorno, al interactuar con el individuo, hace que su mente cree conexiones y conceptos del mundo, que de una forma peculiar procesa toda esa información. Dentro de ese maremágnum, la mente necesita apoyarse en algo para construir su modelo vital, y ese proceso de basar, de anclar en un sitio o varios el punto de partida de nuestra estructura es una necesidad que además marca los diferentes momentos de la maduración del Ser.

Y ese final del desfondamiento se produce varias veces a lo largo de la vida, en aspectos diferentes.

Mi concepto de hombre II

Veamos esos *fondamientos*, esos procesos de definición de nuestras bases.

El psicoanálisis, con sus definiciones de las diferentes fases en el desarrollo del ser humano, describe procesos o fases genéricas de *fondamiento* que, siendo generales para todo ser humano, son diferentes para cada uno.

Por ejemplo, la fase oral. ¿Qué influye? Desde aspectos culturales como los diferentes períodos de lactancia, duraciones distintas, métodos, incluso ausencia de la forma natural, hasta la propia percepción del individuo tanto en la leche en sí misma (textura, calidad, sabor) como en la forma de recibirla, en la cantidad, en todos los factores propios internos como en los ambientales o externos.

Aprendemos a aceptar o rechazar, a pedir, incluso a exigir, el alimento; a diferenciar por el gusto, el olor y el tacto, así como por la afectividad, o ausencia de ella, del «suministrador», temperatura, ambiente, ruido, luz… Todo son factores que nos hacen posicionarnos: decidimos, a un nivel muy básico, cómo vemos el mundo y comprobamos con nuestras acciones cómo influimos en él.

Esto es un primer *fondamiento*. Dependen de ello ciertas formas de ver y encarar la vida y ciertas neurosis, incluso psicosis, explicadas por el psicoanálisis.

Las fases definidas como la anal, la especular, la apertura a la sexualidad, son momentos clave de nuestro desarrollo en los que la manera del *fondamiento* anterior influye en esta nueva fase, incluso si no se produjo el *fondamiento* en alguna de ellas o lo hizo fuera de la secuencia habitual.

Nuestro *fondamiento* intelectual y afectivo se desarrolla a lo largo de nuestra vida y puede incluso variar alguno de los anclajes, aunque los iniciales de la infancia permanecerán casi inalterables. Conociéndolos podremos saber por qué actuamos de una forma determinada y no de otra y, si estamos atentos, podremos modificar nuestra conducta y variar ligeramente esos anclajes. La dificultad está en conocerse a uno mismo a esos niveles.

Mi concepto de hombre III

Cada uno ha de buscar en su interior esos momentos. Debe empezar por los más cercanos en el tiempo y coger la confianza y seguridad necesarias para esa introspección, ardua y compleja tarea. Lo importante es saber que los procesos mentales y afectivos han tenido un anclaje en el tiempo de desarrollo, sobre todo en la infancia, adolescencia y juventud. Aunque es un proceso que se desarrolla a lo largo de la vida, ello es lo que nos hace ver las cosas y sentirlas de la forma en que lo hacemos.

Mi forma de ver al ser humano y a la sociedad está basada en mi manera de haber anclado mi afectividad básica en los primeros años de mi vida. La afectividad de mi madre al alimentar mi cuerpo, y el calor que me dio, me hizo basar la mía en esa expresividad tan vibrante y silenciosa. La forma de trato fuera de esos momentos, mucho menos cálida y más distante, me hizo buscar esa afectividad tan placentera en otros momentos. La agresión sufrida por los malos tratos de mi padre condujo mi conducta hacia la búsqueda de la aprobación de los demás. Buscaba satisfacer la demanda ajena para conseguir reproducir esas sensaciones tan placenteras vividas anteriormente.

Y aquí la capacidad intelectual no tiene una clara influencia. Es más, creo que a mayor inteligencia más acusada es la búsqueda. En lo que sí influye, o puede influir, es en el proceso de introspección en sí mismo y en la capacidad para interpretar esos deseos y sentimientos. Quizás no los corrija, pero no creo que sea necesario. Creo que saberlo es lo que da firmeza y seguridad en sí mismo.

El hecho de haber sido hijo único hasta los nueve años, momento en el que empecé a conocer a mis hermanos mayores, me hizo vivir mi individualidad como algo intrínseco. Mi posterior formación colegial y universitaria afianzó y profundizó en esa concepción.

Practicaba deportes individuales (tenis, natación, atletismo, ciclismo). Si era de equipo, destacaba en los puestos especialistas; en fútbol, de portero.

Como «pensador», creo en el hombre como individuo, en su capacidad para superarse y para trascenderse. Creo en su capacidad para enfrentarse a los problemas y encontrar solución a los mismos. Me siento cercano al concepto nietzscheano de «superhombre» frente a la idea de un dios todopoderoso que determine nuestra vida.

Me encanta la idea de una vida después de la muerte en la que conservemos nuestra conciencia individual, pero desconozco si ello será real. Sin duda hay una vida después de la muerte, pues somos energía y esta no desaparece; únicamente se transforma.

Conceptos como familia, equipo, iglesia, partido o país son solo eso: descripciones de un evento o situación compuesto por individuos. No tienen una entidad propia; no pueden decidir ni hacer nada. Lo hacen las personas que se agrupan en esos conceptos. Así que la sociedad no es; lo son los individuos que con sus actos realizan los hechos.

Eso me lleva a considerar al ser humano como un ser individual para el que la libertad es su mayor tesoro, aquello realmente propio e irrenunciable.

Y siendo esto así, políticamente me posiciono como un liberal en su sentido original. Ha de ser el individuo el que gobierne su vida y no el Estado, ni siquiera en nombre del «bien común», concepto alienante del individuo. Qué sería de la genialidad, del ser peculiar, si estuviéramos uniformados por nuestro bien.

Mi concepto de hombre IV

Esa manera de ver al hombre condiciona mi visión del mundo también. Mis diversos *fondamientos* emocionales e intelectuales me han traído hasta aquí, hasta estos convencimientos en los que creo que la iniciativa individual ha de ser fomentada por los poderes públicos, los cuales son difíciles de convencer de cualquier cambio.

Es culpa nuestra, nuestra responsabilidad, haber tolerado semejante inmovilismo. Este corta cualquier inicio de desarrollo de ideas propias de aquellas personas que, trabajando como funcionarios públicos, se encuentran encorsetados por reglas y normas. En su mayoría no las comparten pero, por temor a ser castigados, las aplican sin pestañear.

Así hemos llegado a firmar en nuestras mentes la idea, el estereotipo, del funcionario cómodo, rígido, inamovible y perezoso.

Es esencial ser uno mismo

Es esencial ser uno mismo, lo es para mí, a pesar de burlas, desprecios, desengaños, abusos… Una sencilla sonrisa, una mirada tierna, unos ojos brillantes de emoción, un abrazo…

Esos enormes y cálidos abrazos que se dan con el alma y el corazón, esos abrazos que no se olvidan, que envuelven también al revivirlos… Esas cosas que nos dicen que nos quieren, que somos amados, que somos y estamos…

Eso borra todo desaire, pulveriza la amargura, nos hace volar. Y entonces, sentimos que ser nosotros mismos es lo que importa, lo que nos hace sentir la felicidad.

Trashumancia

Qué significa para mí ser un trashumante es el objetivo de este escrito.

Desde antes de mi nacimiento mis antepasados parece ser que se pusieron de acuerdo para evitar que me sintiera pertenecer a una tierra concreta. Se movieron de unos lugares a otros, aunque de forma independiente, para encontrarse en un punto que tampoco fue definitivo. El devenir de las vidas de mis progenitores apoyó ese sentimiento en cuanto al arraigo en una familia. Solo un miembro fue capaz de dejar su impronta en ambos aspectos dentro de mí. No llegué a conocerla en persona, pero el ejemplo de su vida ha estado dirigiendo mis pasos en esa búsqueda a lo largo de mi camino.

Creí encontrarlo y me vi enraizado entre sentimientos de pertenencia a un ser maravilloso y a una tierra donde pudo desarrollarse mi habilidad para la lógica, teniendo que dejar aparcadas otras habilidades más artísticas. Cuando ambos nudos de raíces demostraron que no eran tan sólidas como parecía, salió el trashumante.

Y con él aparecieron con fuerza las habilidades dormidas y las fuerzas que me empujan de un sitio a otro, tratando de hallar a quien consiga mi arraigo.

Porque es de eso de lo que se trata: de encontrar quien quiera compartir su vida conmigo. En ese momento mi tierra será ese lugar y estaré encantado de sentirme poseído sin dejar de ser yo.

Me conozco y mi individualidad siempre estará presente con su tendencia a escapar de cualquier atadura. Y sin embargo, ¡qué maravilloso es sentirse de alguien!

Una reflexión de Kafka

Una reflexión de Kafka agita mis pensamientos. He escrito y publicado un libro sobre el amor mujer/hombre describiendo lo que esta fuerza interior puede hacer, y me he percibido que lo he estado buscando toda mi vida.

Brevísimo

Ser consciente de lo ordinario hace que los periodos entre los efímeros sean adorables y estos no pierden fulgor.

Religiosidad

«La religión, en su sentido genuino, es entronque con la totalidad del ser creador, entronque fecundante y rejuvenecedor, que salva. Nuestro mal desde la Ilustración es haber cortado las raíces de la vida». Bella definición.

Pilares

El amor, según Fromm, es la mayor y más potente fuerza del ser humano. Estoy de acuerdo con él; al menos en mi vida hasta ahora, es lo que ha motivado y dirigido toda mi acción. Amor en el sentido de dar, de entrega, de sentir esa corriente o impulso. Es esa necesidad básica de entregar lo que soy, lo bueno y lo malo. Y no solo a una mujer, fin último deseado por mí, sino a cualquier actividad que realice. A una mujer, en mi caso como heterosexual que soy, es el objetivo último y más deseado.

Conocer objetivamente a la otra persona es básico para amar con verdad. Es necesario despojarla de la ilusión imaginada de lo que uno quisiera ver en ella y ver lo que es realmente.

Entonces podremos decir que amamos. Podremos darnos en plenitud y sentir la profundidad de ese amor.

El conocimiento es uno de los pilares. El respeto es otro. La honestidad y la responsabilidad. Cuatro pilares fundamentales.

Separatividad

Separatividad.

Curiosa forma de ver y entender la conducta social del ser humano y explicar la causa de esa forma de hacerlo. Sentirse separado del lugar de origen, ser consciente de su individualidad y, por consiguiente, de su no pertenencia y dependencia, hace que continuamente busque recuperar esa sensación de seguridad que le proporciona la pertenencia. El miedo a la libertad.

Atado

Sí, así me siento: atrapado en un mundo que hace tiempo que dejó de ser el mío. En un mundo lúgubre, de emociones emborronadas, de desapegos, de reproches velados, de desconfianza y, sobre todo, de frialdad. Puedo entender la angustia de un ave capturada y mantenida en una bella jaula en la que no puede volar. Confort a cambio de libertad. Hace tiempo que elegí la libertad. Esto es un volver al infierno del que escapé; es pasar por un purgatorio con esperanza de final, un alivio para mi alma.

Hablar de estos temas es un desafío, pues hay muchos que, teniendo capacidad mental, son incapaces de posicionarse. Quizás porque ellos mismos están atrapados y no son, o no quieren ser, conscientes de su situación. Pero hay otros que sí, que lo ven, lo entienden y dan soporte a mi alma. A todos vosotros gracias, mil gracias. Que sepáis, si no lo sabéis aún, que os quiero con todo mi corazón y que me tendréis a vuestro lado siempre.

Un abrazo con el alma, un apapachado enorme.

Prestarte mis sentidos

Es lo que hago desde hace mucho tiempo, casi desde que te conocí. Mis sentidos están a tu disposición y las imágenes de mis fotos quieren ser tus ojos. Mis palabras completan el resto con las emociones vividas.

Reflexiones estelares

Hay situaciones, cuando reflexionamos, que se nos presentan éstas plenas de expresión. Hay veces que vemos aparecer una estrella rutilante en nuestra vida. Nos acercamos a ella y descubrimos que refleja para nosotros una luz fría en principio. Esta va tomando calor pero no pasa de tibieza. Cuando pensamos que es así, o que simplemente su calor se va apagando, vemos cómo quema en otra dirección.

Otras veces esa otra estrella amanece como el sol, poco a poco. Va tomando color y calor para, súbitamente, eclipsarse y desaparecer. Deja helado el paisaje y, por más que esperes verla de nuevo brillar, solo aparecen rayos esporádicos que ponen de manifiesto su ausencia.

En alguna ocasión la estrella es como una lejana galaxia, plena de vida, luz y color. Es intensa en calor pero tan lejana que no parece posible alcanzarla. A cada momento se aleja más y más y siento cómo se va perdiendo. Sin esperar nada, en lugar de una estrella aparece un volcán. Abre su boca, en principio pequeña pero ardiente, para ir abriendo huecos sucesivos. Deja salir un torrente de calor y luz que lo llena todo. Regenera el paisaje y lo transforma, lo reconvierte, lo muta, lo agita, lo inunda.

La vida es así: imprevisible, incontestable, maravillosa.

Reflexiones

Me preocupa mucho la deriva intelectual de la sociedad. Me preocupa el cómo nos hemos dejado dirigir por unos manipuladores, consiguiendo que el foco de nuestra atención se dirija a lugares diferentes de los realmente importantes para nuestras vidas.

Y con ello me refiero a las banderas del «cambio climático» como consecuencia de las acciones del hombre. Me refiero al «feminismo *vs.* machismo» con toda la parafernalia de leyes inconstitucionales que criminalizan al hombre como parte de la especie humana; criminal respecto de la mujer, obviando toda acción criminal de seres humanos contra otros seres humanos, sean del sexo, edad, raza o religión que sean.

Y todo ello revestido con los ropajes del bienestar mundial, de la igualdad de la mujer, cuando realmente se quiere resaltar la superioridad de la mujer respecto del hombre. Nuevamente, se obvia todo aquello que no sea el sexo diferencial de unos y otros.

Esto lo llaman progresismo.

Y además usan otras banderas como la libertad de elección de sexo o la libertad de elegir la propia sexualidad. Son temas que, pudiendo parecerme plenamente razonables, en el contexto en el que lo desarrollan les lleva a contradicciones fundamentales que ignoran olímpicamente. Ergo, ¿qué pasa con las leyes antimachismo cuando un ser humano nacido mujer se transforma en hombre? ¿Pierde sus derechos como mujer?

Con el lenguaje nos llevan hacia ello cuando aplicamos género a términos que nunca lo han tenido y hablamos de médicos y médicas, jueces y juezas, maestros y maestras. Esto se lo hemos de agradecer a la esposa de Felipe González, Carmen Romero, cuando soltó la barbaridad de «jóvenes y *jóvenas*».

Los socialistas de convicción que no son filocomunistas, los que creen que el bien social es lo único que importa aunque los ciudadanos no queramos, cometen errores de calado que pagamos en nuestras vidas.

Un ejemplo: el primer Gobierno socialista de la democracia suprimió las clases de religión sin haber creado antes una estructura formativa adecuada para dotar a nuestros hijos de los valores culturales que sí transmitía la denostada religión. Así llegamos a la falta de educación y urbanidad en nuestro comportamiento diario y a perseguir el éxito económico por cualquier vía menos la del esfuerzo personal. Se pusieron los pilares para ganar dinero sin trabajar y la corrupción floreció y se instaló rápidamente en nuestra sociedad. No es que no existiera antes, pero se convirtió en la forma más rápida de enriquecerse o de servirse de medios ajenos en beneficio propio.

Sobran los ejemplos. La clase política es, quizás, el mejor exponente.

Los sindicatos viven de las subvenciones del Gobierno; los sindicalistas están «liberados de trabajar», pero no de cobrar sus sueldos. La dejadez del trabajo bien hecho es otro elemento social consecuencia de esa educación basada en el mínimo esfuerzo, en reclamar los derechos propios e ignorar los deberes.

¿Y qué nos queda? Las banderas. Como no hemos desarrollado nuestro sentido crítico, aceptamos las ideas que los políticos difunden a través de los medios de comunicación y de sus altavoces. Seguimos idiotizados una bandera como el feminismo antimachista o el cambio climático como culpable de nuestros males. Aceptamos el aborto y la eutanasia como algo natural y abominamos de la pena de muerte y de los conflictos armados, excepto si se pone en peligro la hegemonía de nuestros políticos.

¿Qué podemos hacer? En nuestras manos está enseñar a nuestros hijos a pensar y a ser críticos con la información que nos llega. Debemos difundir en nuestro entorno esa línea de pensamiento, defender nuestras ideas y no dejarnos avasallar por la intensidad del ataque de nuestros enemigos reales: los manipuladores de la información y de la opinión.

La libertad y el ser

La esencia del ser humano, del hombre, es su individualidad, su singularidad. Su bien más preciado es su libertad.

Pero esa libertad debe estar apoyada en su sentido crítico, en su inteligencia desarrollada para discernir y separar lo que es cierto de lo que no lo es.

La cantidad de información y los sistemas para difundirla son tan amplios y tan variados que esa tarea se ha convertido en un verdadero desafío para nuestras mentes.

¿Qué podemos hacer? En primer lugar, determinar de dónde viene, no solo el medio en sí mismo sino la persona que la emite, y comprobar su fiabilidad. ¿Y eso cómo lo hacemos? Por un lado, debemos revisar las anteriores informaciones vertidas por él y ese medio, comprobando la correlación con la realidad. En segundo lugar, hay que analizar el contenido de la información y contrastarla con otras de fiabilidad admitida en su origen. Esta es una tarea en la que hemos de intentar dejar de lado nuestra propia ideología y sentimientos. Debemos ser analíticos, lo menos subjetivos posible.

Y, sobre todo, estudiar los hechos. No hay que quedarnos con lo último y se debe tener una amplia visión en el tiempo, en la historia. Suele ser esclarecedor.

Uno mismo

Desarrollar la conciencia de uno mismo. Ardua tarea.

Una vida buscando mi ser y ahí ha estado todo el tiempo sin tener una conciencia exacta de ello; solo retazos inconexos.

Los acontecimientos de estos últimos años, el tiempo que llevo viviendo en El Puerto, las relaciones y amistades, el hecho de encontrar familia perdida en España y desconocida en Florida... Todo ello ha hecho que tuviera tiempo para pensar, para escribir, para enamorarme y luchar por ello. Todo este conjunto está cristalizando en estas ideas. Ha hecho que revise mi vida desde una óptica más externa, más relacionada con los demás y no exclusivamente centrada en mí mismo.

El detonante ha sido el proceso de introspección apoyado en datos externos. El verme de niño con mis primos y primas, de adolescente con mis amigos y primeros amores, de hombre joven casado con mis hijos, hasta ahora, ya jubilado y viendo mi trayectoria, sintiendo en mis entrañas lo que me ha motivado durante mi vida.

Estar al borde de la pérdida completa, de haber sentido el amor crecer y crecer sin pausa, ha hecho y hace que tome conciencia de que lo que me mueve en la vida es el amor. Así, sin más. Todo lo demás es accesorio. Solo me importa ello.

Consciencia

Ser capaz de reconocerse a uno mismo dentro de la realidad que le rodea.

¿Qué realidad me rodea? Un lugar geográfico con una orografía concreta, un clima específico, una flora y una fauna definidas. Un urbanismo con unas edificaciones, carreteras y caminos. Unas gentes con su historia y sus historias. Una energía intrínseca en un tiempo definido. Todo eso es mi entorno.

Tengo más entornos en otros lugares del mundo que me definen de algún modo con mayor o menor intensidad. También los tengo de otro tiempo, que igualmente configuran mi ser.

Ahora el lugar lo he elegido yo y estoy cómodo en él. Me ha llevado un tiempo percibirlo, pero ya no tengo dudas. Los otros lugares y otros tiempos ejercen su influencia; algunos de forma muy intensa y clara, como ciertos acontecimientos de mi infancia, de mi juventud y de mi madurez. Otros son anecdóticos, sin efectos apreciables.

Esto en cuanto a la realidad que me rodea, lo que Ortega llamaba «la circunstancia» de cada uno.

¿Qué mismo soy? La fusión perfecta de Heráclito y Parménides: soy diferente a cada momento y el mismo siempre.

Aparte de esta obviedad, tengo una configuración genética heredada de mis antepasados y una configuración educativa adquirida a lo largo del tiempo.

Mi genética me ha dado una estructura física que me hace percibir mi entorno de una manera concreta. Me hace ver la luz, sentir la temperatura y el tacto. Define mis rutas de razonamiento, mi forma de moverme por el espacio y de interactuar con mi entorno de una forma única respecto al resto de seres vivos. Soy células, átomos, energía física en continuo cambio y también ideas, emociones, sentimientos. Todo es energía.

Todo pasa

Todo pasa. Una sola cosa te será contada y tenida en cuenta y es tu obra bien hecha. Noble es el que se exige y hombre, tan solo, quien cada día renueva su entusiasmo. Sabio, al descubrir el orden del mundo, que incluye la ironía. Padre es el responsable y patricia misión de servicio la política. Debe ser católica, que es decir, universal; apostólica, es decir, escogida; romana, es decir, una. Una también la cultura: estado libre de solidaridad en el espacio y de continuidad en el tiempo. Que todo lo que no es tradición, es plagio.

Peca la naturaleza. Son enfermizos ocio y soledad. Que cada cual cultive lo que de angélico le agracia, en amistad y diálogo.

Realidad

La realidad está ahí. La verdad de cada uno está ahí. Nuestra mente juega con los datos, mediatizada por nuestros deseos, e interpreta la realidad transformando el resultado de ese juego en una fantasía. A veces la fantasía es real.

Universo

El sol ya no vira de color, se apaga. La noche quiere salir y dominar y las estrellas pugnan por mostrarnos su brillo, por enseñarnos su latir vital.

El universo nos muestra lo grande, lo inmensa que es la vida, lo grandioso de pertenecer a este mundo. Nos muestra la suerte de tener conciencia de ello y poder disfrutarlo.

Sí, efímeramente, pero es que el tiempo es un parámetro que define nuestro entorno y a nosotros mismos. Luego es parte nuestra y nosotros de ello. Honremos a esta maravilla y vivamos. Amemos la vida, amémonos unos a otros.

Amanecer

Está amaneciendo… La suave luz que asoma por levante alumbra las sombras de la noche. Poco a poco empieza a abrir un abanico de color brillante sobre el fondo azul del cielo despejado de nubes. De tonos rojizos primeramente, seguidos por unos anaranjados que, casi sutilmente, viran al amarillo hasta que el sol aparece por el horizonte. Todo es invadido por su luz con esa intensidad tan majestuosa, tan propia de la vida en toda su amplitud. Es la claridad acompañada por el canto desperezante de los pajarillos: de los jilgueros, gorriones, carboneros, mirlos y hasta las vigilantes urracas.

Amanece y parece que la vida resurge una vez más. Si la noche deja aflorar las tendencias más profundas que la vigilia oculta, el amanecer nos permite ver esas emociones y sentimientos, los deseos y temores que el día en todo su esplendor oculta bajo su manto de racionalidad. Son esos gritos que envía con simbolismos oníricos: gritos de alarma por perdernos la intensidad de sentir, de alegría porque la hemos dejado brotar en nuestro día a día, superando el miedo a lo desconocido que siempre provoca la ignorancia.

Amanece y quiero sentir la vida con toda su intensidad como hice siendo niño. Como en algunos momentos de mi vida dejé brotar lleno de temor, de alarma, de placer, de íntima satisfacción y que oculté incomprensiblemente por ceguera, por negación y una equivocada interpretación de la realidad.

Hoy, amaneciendo, sin las defensas prietas, sin vestir las corazas del día a día, dejo que fluyan mis palabras sobre la página en blanco de este nuevo día. Leo en lo que escribo la ilusión de unos ojos de niño esperanzado en encontrar el amor que busca desde su origen.

Es mi objetivo.

Es mi deseo.

Es lo único que me importa: vivir la vida con amor.

Capítulo tercero

AMORES DESEADOS
Y SOÑADOS

Primer encuentro

Teníamos una cita, nuestro primer encuentro en persona después de tantas conversaciones por teléfono o por correo electrónico.

Aparco a distancia en zona libre. Ando tan justo de dinero que, si tengo que pagar algo, no podría ser más que sendos cafés. Así que me acerco al centro usando mi tarjeta de transportes; Madrid tiene un sistema con el que, con ese carnet, puedes viajar en metro y autobús sin limitaciones dentro del mes. Recorro la Castellana hasta casi Atocha. Hemos quedado en el CaixaForum para ver una exposición de fotografía de Sebastião Salgado, un monográfico.

«¡Joder! Serás capaz de llegar tarde…», voy rumiando durante el recorrido por esta avenida tan ligada a mí. Está anocheciendo: oscuridad iluminada por las farolas y lámparas de los escaparates y oficinas, por los focos de los edificios y monumentos que dan carácter a esta impresionante ciudad. Admiro el arbolado, el brillo de las piedras talladas, de los cristales de los ventanales, el continuo tráfico de vehículos en un permanente flujo, los cambios de color de los semáforos, ese brillo grasiento del asfalto y el aroma compuesto de multitud de olores; ese perfume de gran ciudad mitad floral, mitad escapes, con un toque sutil a alcantarillado.

Observo el rápido caminar de los escasos transeúntes envueltos en sus bufandas y arropados por sus abrigos. El invierno se abalanza y a estas horas se nota la bajada de temperatura. También miro a los acompañantes en el autobús; cada uno ignora al resto.

Hay quien lee, quien dormita, quien se clava en el exterior... Todos en su burbuja.

Sonrío.

Veo a Castelar en su eterno discurso, a Colón marcando la dirección de unas Indias inexistentes. Paso junto a la diosa Cibeles con sus leones de piedra tirando de su carro inmóvil, acercándonos al dios del mar, Neptuno, por el Paseo del Prado, inmejorable almacenaje del arte pictórico más impresionante del mundo. Me acerco al lugar de la cita. Llego tarde, solo unos minutos, pero tarde. «¡Rediez!».

Bajo del autobús por fin.

Oteo los márgenes del edificio de la Caixa buscando a mi cita cuando veo a una mujer sola, de pie, con la espalda contra la pared. Está envuelta en un abrigo tres cuartos, con una bufanda protegiendo su cuello y parte de la barbilla, tocada con un sombrero cálido de fieltro que le da un aspecto distinguido y diferente. Manos enguantadas, bolso colgante y mirada escrutadora... Me está mirando.

En la distancia, no muy larga, quiero apreciar una leve sonrisa con un brillo especial en sus ojos. «Ha de ser ella», pienso, y oriento mis pasos a su encuentro.

Esa sensación, esa imagen de verla allí esperando, llamándome a gritos sin emitir sonido alguno, sin hacer ademanes, sin desplazarse del lugar... Esa atracción que ejerció hacia mí aún hoy me conmueve. Lo que ocurrió después es una increíble y maravillosa corta historia de amor.

Razones

La reflexión de ayer no acabó en confirmar mis sentimientos hacia ti, ni lo que he observado que me atrae irresistiblemente. También ha puesto de manifiesto algunos rasgos de tu carácter que no me gustan tanto, como esa tozudez en mantener tu opinión escuchando a través de tus filtros, cerrando tu mente. Estamos, o estábamos, aprendiendo «las cosas» del otro y ahora veo que el bagaje que traes de tu vida hizo que esos filtros activaran tus alarmas, cosa por demás natural.

Ello ha servido, espero, para que veas cómo soy y la sinceridad y limpieza de mis sentimientos. Otra cosa que me preocupa, y mucho, es el brote de celos que pude ver. Ya te he dicho que soy hombre de una única mujer cuando tengo el convencimiento de ser el «elegido». No concibo una relación en la que solo una parte se compromete; no funciona.

Deseos

Estando en el Bigote, mi terraza favorita, me tomé un café cortado, como es frecuente en mí. Mientras disfrutaba de la vista, meditaba relajado.

Te he dicho muchas veces —quizás no tantas como debiera— que eres la mujer con la que me gustaría compartir mi vida. Sé que es una afirmación «en el aire», que no te conozco lo suficiente como para decir que te amo a ti, porque de quien estoy enamorado es de una imagen parcial de tu realidad. Sé también que he visto lo suficiente para saber que lo que atesoras en tu interior es, en gran parte, lo que busco: sensibilidad, y la tuya es exquisita; inteligencia, pues eres aguda, certera, culta; sinceridad, que no haces más que demostrar en cada ocasión; y elegancia, algo indiscutible.

He disfrutado de tu ternura cuando me decías, con esa voz tan dulce y cariñosa, «tonto»; o cuando has estado de pie en el andén de la estación y te despedías de mí con una sonrisa, un gesto sencillo, una mirada cargada de ¿inquietud?, ¿esperanza? En cualquier caso, esa ternura me la has enseñado y sé que ahí está.

Aparento en directo no tener la frescura que tengo escribiendo, y te aseguro que eso no es así. Hay un ser completamente asombrado que no se creía que una mujer de tu calidad se hubiera fijado en mí; ese «complejo», ese tener que batallar por hacerme visible, no podía haber ocurrido así, tan rápido.

Después de casi un año desde que nos conocimos, creo haberte dado muestras suficientes de cómo soy, de lo que siento por ti y de lo que anhelo junto a ti. Espero que me permitas conocerte más y que pueda decir, sin duda alguna, que realmente eres la mujer de mi vida.

Hoy sé que vivir sin tu voz, sin tu mirada y sin tu ser tú misma es muy duro; solo mi convencimiento me está haciendo insistir. Creo firmemente que podemos vivir una vida plena llena de amor de verdad: de ese amor que es generosidad.

Acostado sueño

Estoy acostado y, como es mi costumbre, tengo la puerta del ventanal abierta.

No puedo dormir. No acabo de coger el ritmo apropiado para entrar en los brazos de Morfeo, entre otras razones porque hay un grupo de gente —presumo que jóvenes por sus voces— que están hablando muy alto; con el silencio de la noche, se escuchan demasiado.

Cuando esas voces se callan, escucho el oleaje del mar en la playa: su ritmo constante, su sonido sólido, fresco, vibrante… y me imagino que estás conmigo. Juntos, espalda contra pecho, sintiendo el suave viento que entra por el balcón y nos acaricia la piel de la cara. Nos arrebujamos buscando el calor del otro… Puedo sentir la sensación de bienestar de tu cuerpo, tu latir vital, relajado, cálido, confortable. Ese dejarse ir, ese sentirse en el lugar en el que tienes que estar y con quien quieres estar…

Las olas siguen cantando suavemente su mensaje…

Me siento el ser más afortunado del mundo estando contigo. Buenas noches, voz arrulladora; que descanses y sueñes lindo.

Gracias por venir a visitarme. Un beso.

Buenas noches

Esta tarde, ya de recogida después de abastecer la nevera de comida fresca (verduras, fruta, algo de carne; pescado tengo congelado así que no compré, creo que merluza y bacalao), me preparé un café, me senté en la terraza y escuché… solo escuché.

Algunas voces de niño en la playa, el murmullo de la gente en los bares, la conversación ininteligible desde la distancia de unos guiris (casi seguro que yanquis), el ruido metálico de las ruedas de un carro de servicio (de esos que usan en los restaurantes para transportar pilas de cosas), un coche maniobrando, las voces animadas de un pequeño grupo de moteros decidiendo dónde ir, el sonido delicioso y grave de una Harley, el agudo de un motor japonés conducido por un idiota… y, poco a poco, el silencio fue apoderándose del lugar según avanzaba la noche.

Preparé la vinagreta, cocí los mejillones, me quemé separando las valvas, los aliñé y, después de disfrutar comiéndomelos, ya con una taza de café, volví a sentarme en el sofá. Solo se escuchan las cigarras. Hasta las estrellas están calladas.

Así es como me gustaría disfrutar contigo: sin hablar apenas, al menos por un rato, sintiéndote a mi lado, relajada y receptiva. Sintiendo, disfrutando de los gritos entusiastas del alma, de esos gritos sin voz que dicen cuán importante es vivir amando.

Así estoy. Así siento. Buenas noches. Que tus sueños te llenen de energía.

Pros y contras

Pensando mientras camino, me sorprendí valorando la incipiente relación entre nosotros.

Cuando entramos en contacto, sabiendo que vives en Madrid y eres de Tomelloso, no creí que tuviéramos mucho en común. Sin embargo, cuando vi que apreciabas mis escritos y comentarios, empecé a mirar tu perfil de otra manera, buscando conexiones. Vi tu fecha de nacimiento y pensé que quince años son una diferencia muy grande como para plantearse una relación más profunda. Luego chateamos y empecé a apreciar tu inteligencia y tu sensibilidad; en cuanto te propuse conocernos en persona, no solo no te negaste, sino que te vi realmente interesada.

Entonces me dijiste que estabas en una relación. «¡Caray! —pensé—, ¡si yo no he dicho de empezar nada!». Eso me hizo mirar con detalle tus publicaciones, tus comentarios y citas… y me preocupé, porque notaba una sensación de desarraigo, de decepción y tristeza que, al preguntarte, me confirmaste: estabas pasando un mal momento.

Por fin nos conocimos en Madrid. Estuvimos caminando por media ciudad, hablando y conociéndonos de manera que se estableció una corriente de confianza mutua. Después, se han incrementado nuestros contactos; estás en mi mente con más frecuencia de lo que podía esperar y he empezado a valorar los pros y los contras.

Lo primero es saber si ambos queremos intentarlo, si sentimos un interés mutuo que nos haga querer conocernos con el objetivo puesto en compartir nuestras vidas. Si la respuesta es «sí», vamos allá. Nos separan muchos años y demasiados kilómetros, además de dos vidas diferentes con un recorrido largo.

Como punto a favor más importante, es precisamente este: el de querer compartir nuestras vidas. La sensibilidad que mostramos es otro punto a favor.

Algo sorprendente

Voy conduciendo desde Jerez a La Barrosa acompañado y acompañando a Toya. Me pidió salir de Jerez y fui a buscarla con la idea de ir a la playa a caminar.

Decidíamos entre Costa Ballena y La Barrosa cuando finalmente el coche tomó el camino de Chiclana; así acabó la disputa. En el trayecto mi prima se durmió y yo me encontré hablando contigo de las bondades de esta playa. Hablaba de las horas preferidas por ti para ir, de si querrías acompañarme en estas escapadas, de si aceptarías a este hombre como tu pareja. Y todo ello no estando solo.

Hablaba como si estuvieras a mi lado, como una escena de una vida en común: «que no me gusta ir con tanta gente», «si a esta hora no hay casi nadie», «que ya tengo mucho sol en mi piel», «que ya está bajando el sol, verás qué bien se está. Caminamos, algún baño y ya», «que para qué ir tan lejos teniendo Las Redes», «lo que tú quieras cariño», «lo que yo quiera no»… Y sonreía; me encanta verte feliz incluso en mi imaginación. Y esa falsa indignación que te imagino, ese protestar por la incomodidad que supone salir del entorno propio para ir a la competencia.

Y en eso Toya despierta cuando ya estamos llegando y aparece de pronto en el horizonte el océano bajo el cielo nuboso. Aparco y salimos a la playa. Chanclas, mochilita, fuera camiseta y bajar escaleras.

Mar en calma, ligera brisa de poniente y, según descendemos, la playa se abre ante nuestros ojos. Y tú vuelves conmigo descendiendo por los amplios peldaños sin dejar de admirar el excelso paisaje. Veo el azul del cielo plagado de nubes algodonosas, la mar con la línea de espuma rompiente a todo lo largo de la costa, la arena brillante recibiendo el agua ávidamente. Observo las pocas personas tumbadas al sol de la tarde, el verde intenso y aún florido de la quebrada arenosa que limita las tierras urbanizadas de las naturales…

Y te vas de nuevo.

Buscamos un lugar donde dejar las cosas y me dirijo hacia el agua. Meto los pies desnudos dejando a las olas que los envuelvan, permitiendo sentir su humedad y temperatura, caminando con ellos embutidos en la arena movediza. El mar me recibe con frescura y me atrae; no impresiona pero está fresca. Salgo a la zona no bañada por la espuma y empezamos a caminar hacia el oeste.

Silencio.

Vuelves conmigo.

Caminas a mi lado chapoteando en las olas rendidas. Y te miro. Me devuelves la mirada sin pronunciar palabra con una sonrisa brillante en tus ojos. Me siento flotar. Siento un nudo en mi pecho tras el esternón. ¡Dios mío! ¡Cuánto deseo que se cumpla este sueño!

Y vuelves a irte. Y ya no volviste hasta la noche, ya en la cama como haces todos los días para despedirnos en un abrazo tierno, cálido y cariñoso.

Gracias por venir.

Una escena

Suena un trueno, no muy fuerte ni muy largo, arropado por una intensa lluvia que golpea los barrotes de la reja exterior y los cristales del ventanal despertándome.

Estoy encima de la cama sin taparme, sintiendo el viento acariciar mi piel mientras me deleito con el sonido, el olor y el frescor que me está regalando la naturaleza.

Ensueño, dormito, sonrío y me arrullo con la almohada…

… y vienes a mí como un vendaval, caminando con tu media melena al viento. Tus amplios rizos danzan al ritmo de tus pasos, ágiles, alegres, decididos. Y brilla una sonrisa en tus ojos, esa sonrisa que hace que mi alma se ilumine y mi corazón palpite fuerte y despacio, con toda su fuerza.

Quisiera

Quisiera decirte lo que siento.

Quisiera contarte mi vivir interior.

Quisiera envolverte cada madrugada con un gran abrazo lleno de amor.

Quisiera que gozaras la ternura de saberte amada sin barreras, sin condiciones, abiertamente.

Quisiera verte sonreír con esa mirada limpia y sencilla que me has dejado ver cuando, sin pronunciar una sola palabra, escuches desde el fondo de mi corazón y mi alma un «te amo» pleno, completo, absoluto.

Quisiera disfrutar contigo de la excitación que provocan unos dedos deslizándose por la piel. Acariciando cada rincón, cada curva, cada hueco, rozando el corazón, elevando el placer de sentirse amada hasta aposentarse en el Olimpo.

Quisiera, quisiera que amarte no fuera un placer solitario y que lo compartiéramos todo. Que, siendo individuos libres, abracemos la entrega a nuestra persona amada.

Quisiera…

Ilusión

De pronto me doy cuenta de que la ilusión me invade, de que la esperanza se transformó en ilusión renovada… y ello solo con percibir que me escuchas… y que pude oír un susurro tuyo… y después otro.

Pude percibir tu delicadeza, tu sentir, una emoción que emites y que me sacude. Me enternece y me dan ganas de abrazarte y comerte a besos.

Qué poco necesito: solo saber que hay interés…

Domingo... dos días

Es un día especial, como de transición. Un día en el que el corazón y el alma vuelan, pero el cuerpo aún permanece aquí, sujetando al ser. Un día de esos en los que no estás pero permaneces; en los que los demás notan tu ausencia si te conocen bien y, si no, piensan que estás raro, enfadado o molesto por estar con ellos.

Lo siento, no estoy molesto, es que no estoy. Toda mi esencia ha emprendido el camino de vuelta a casa, a su casa. No hago más que pensar en mi puente sobre esas aguas magnéticas rebosantes de energía. Pienso en los paseos al centro del mundo donde se puede sentir el origen de todo, la esencia de lo que somos. Donde sentir el pulso de la tierra, del mar y del cielo en su conjunto armónico.

Pienso en esa tranquilidad y calma que transmite, que acapara, que recoge en un abrazo el océano que baña las playas y farallones de la costa con su aroma, con esa canción interminable de sus olas unas veces rompientes, otras acariciadoras.

Sí, está allí mi esencia, aquí solo mi cuerpo.

Pero ya me quedan solo dos días para que se reúnan ambos de nuevo.

Ya solo dos días…

Tranquilidad

En la tranquilidad del día de hoy, en casa, con los pies al aire para que descansen y las tareas domésticas hechas, tengo la sensación de que puedes entrar por la puerta en cualquier momento. Y eso me gusta. Como ya sabes, me siento muy cercano a ti y estos días te llevo sintiendo a ti igual: cómoda en mi compañía, abierta como siempre, encantadora, amable, alegre, determinante, firme y contenida.

Sabes que tus opiniones siempre las escucho y en su gran mayoría las comparto. Estoy especialmente atento a aquellas referidas a mi actitud frente a mis circunstancias (hermanos, venta, prima, moto…) y que son bienvenidas. Tus puntos de vista y apreciaciones son muy valiosas para mí; no dejes de hacerlo nunca, por favor.

Hay una curiosidad que quise comentarte y se esfumó de mi mente según avanzamos en nuestro camino. Es algo que he observado varias veces y, no siendo consciente en su momento, ahora, al recordarlo, toma sentido. Cuando entré en tu coche ayer tarde me sentí observado, como evaluado en mi aspecto, en mi vestir. Por tu sonrisa me pareció percibir una aprobación, ¿fue así? En otras ocasiones pasó lo mismo y en otras la expresión fue neutra; imagino que, no siendo vomitivo, no te agradaba. Me gusta. Me dice que estás atenta a mí.

Que sepas que vistiéndome lo hago para sentirme bien y busco las combinaciones que creo te gustarían más. Toda la preparación del avío va en la misma línea, como el afeitado y la limpieza de los zapatos siempre que no sean los de caminar, claro está, pues esos los elijo en base a la comodidad.

Cuando venga de Madrid quiero aprovechar las rebajas y renovar vestuario, así que si te apetece estás invitada a participar. Me han dicho las primas, auténticas viciosas de las compras, que en Jerez hay un *outlet* maravilloso y las creo.

Y eso es lo que te escribo. Te lo diría en una de nuestras conversaciones, en una de esas que tendríamos con seguridad en una convivencia más estrecha. Porque así lo imagino: conversaciones frecuentes de todo tipo y espacios de silencio, de intimidad y respeto al individualismo del otro. Me encanta estar contigo.

Solo de pensar que voy a verte se ilumina mi alma, como todos y cada uno de estos días que hemos disfrutado juntos. Ahora estaremos una semana o dos sin vernos y rememoraré estos excelentes días, mañanas, tardes y cenas. Maravilloso. Por eso te dije que eres una bendición.

Capítulo cuarto

AMOR, AMOR

Cómo decirlo

No sé cómo puedo explicarte lo mucho que te has metido bajo mi piel. Quizás con canciones como *How can I tell you,* de Cat Stevens, o con *I've got you under my skin,* de Frank Sinatra. Una describe la imposibilidad de explicar el amor por otra persona y la otra el sentimiento profundo de formar parte de un solo cuerpo.

En cualquier caso eres ese «alguien» que cantan Siempre así. Esa que dice «sí» ante la propuesta de ser feliz.

Búsqueda

Iba caminando por la vida sin un rumbo concreto, disfrutando de una libertad interior largo tiempo anhelada, cuando sin buscar me encontré con alguien que cambiaría mi forma de encarar la vida. Esa persona me hizo sentir que la verdad es indispensable para ser amado, porque de otra manera el amor iría destinado a una persona que no era yo. Gracias.

Con ella también aprendí que, cuando se ama y no se es correspondido, se ha de olvidar ese amor y buscar en otro sitio.

Y eso hice. Y las enseñanzas abrieron las puertas a un amor nuevo, a un amor pujante, limpio, abierto, completo, complejo, ilusionante. Un amor con unas dosis de pasión sorprendentes; ese amor que se mete bajo la piel, se ancla en nuestro ser, nos hace vibrar, sentir, nos impulsa y nos calma, nos llena por completo. Andaré este camino junto a ti.

La búsqueda ha finalizado.

A mi mujer

Sentado en el sofá, dormitando otra tarde más junto a mi mujer, recuperándonos del enorme trancazo que nos hemos pillado a dúo para arrancar el año, siento cómo mi cabeza no rige con plenitud. Aprovechando esta circunstancia, decido dejar que hable mi emotividad sin barreras.

Esta mujer ha sido capaz de conquistarme. Me ha envuelto con su capa de afectividad, con su sinceridad, con una espontaneidad deliciosa, con un humor directo, dejando traslucir en todas sus manifestaciones la sencillez de la inteligencia natural que encuentra vías de expresión realmente sorprendentes. No puedo explicar cómo ni por qué, ni falta que hace.

Estar junto a ella es tan natural como respirar. Sentir sus caricias sobre mi piel hace que se disparen las endorfinas del placer; probar la suavidad de sus labios me hace recorrer a la carrera los peldaños que suben al Olimpo, donde no puedo por menos que llevarla conmigo y disfrutar de los placeres del amor cuando este es correspondido. Compartir contigo la intimidad va más allá del placer sensorial: es un sentir de la unión de dos almas, de una comunión perfecta.

Estos días que prometían ser un escándalo se han convertido en una comunión en la enfermedad. Hemos convivido en el peor momento, compartido los momentos de dolor y molestia, y dentro de ellos hemos dejado claro que no será obstáculo.

Yo me siento completo, algo asustado por el vértigo de esta relación, pero es que cuantos más valores descubro en ella, veo que los compartimos.

Nunca se sabe lo que nos deparará el futuro, pero esta vez sí merece la pena andar junto a ella el camino de la vida.

A qué le tengo miedo

A perderte.

A no volver a verte, a saber que, amándonos, no pueda abrazarte otra vez. A que la otra vida sea un invento, a no sentir tu piel, a no poder oler tu aroma. A no escuchar tu voz, a no disfrutar de tus miradas, a no estar contigo.

Por eso, porque soy un cobarde, quiero morirme antes que tú.

Porque, si no lo hago así, moriré sin remedio. Y lo haría cada vez que caminara por donde lo hicimos los dos, cogidos de la mano, besándonos a cada cuatro pasos, sintiendo tu alma a mi lado

Pienso

La muerte nos impacta profundamente. La desaparición física de alguien cercano, aunque sea desconocido, nos pone frente a la realidad de la existencia propia y de su inevitable fin.

Últimamente pienso en la mía propia como algo cada vez más cercano. Pienso en cómo será, si será un trago doloroso o un súbito apagado de luces. Pienso si tendré conciencia de otra vida como ser individual que me siento ahora; pienso en lo que dejaré atrás, en cómo la mujer de mi vida se arropará en la cama con el recuerdo de mi abrazo... y sufro, porque yo no sé qué haría si fuese ella quien se fuera antes.

Pienso que estos pensamientos no los tenía antes de conocerla. Se ha metido en mi alma con tanta fuerza que la siento fundida, cálida, tierna, sensual, comprensiva, emotiva y muy sensible.

Veo cómo vibra con notas graves con su hija y nietos. Veo cómo apabulla con la alegría de vivir que explota con el empujón de las cervezas, cómo mira con esos ojos llenos de cariño a cualquier evento ajeno a ella misma...

Es una bendición y estoy feliz por compartir con ella todo, por ser parte de su vida, por ser su casa.

Ella es la mía.

Capítulo quinto

SENSACIONES Y EMOCIONES

Hay días, horas, minutos

Hay días, horas en un día, en las que siento tu presencia en mi vida con más intensidad. Añoro algo que no hemos tenido aún: la intimidad de estar juntos sabiendo que nada nos obliga a separarnos, sabiendo con certeza que deseamos seguir así.

Hay horas, minutos en una hora, en que el deseo de hablarte, de escucharte, de sentir tu sentir es tan fuerte que duele en mis entrañas. Tengo que sujetarme para no llamarte, para no salir en tu busca y así evitar interferir en tu vida.

Hay minutos, segundos en un minuto en los que me siento morir. Momentos en los que la esperanza de un «ven» se esfuma y en los que, de pronto, regresa entera y llena toda mi alma.

Hay momentos que duran una eternidad encerrados en un suspiro.

Sueño profundo

He dormido profundo, mecido por el sonido de la lluvia en el balcón y los truenos lejanos en el mar. Realmente relajante.

Al despertar estaba enrollado con la almohada y la ropa de cama, explayado en mi zona. Sentía que eras tú quien estaba respirando hondo y tranquilamente entre mis brazos.

Es una sensación extraña y deliciosa. Extraña porque nunca hemos estado en esa situación en la vida no onírica; porque es un ensueño mío que no sé si tiene correspondencia en los tuyos; porque mi alma lo desea con tanta fuerza que me hace soñar con ello casi a diario.

Y deliciosa porque no creo que exista otro momento mejor (da igual si lo hay) para sentir la entrega de uno mismo y la complacencia de la mujer amada. Es un deseo tan profundo que hace que la realidad se sienta como posible.

Es un amanecer a un nuevo día brillante y pleno.

Es una sensación

Es una sensación diferente, única, realmente especial, cuando el cielo nos regala el espectáculo del juego de luces de un nuevo día. Estoy relajado en una butaca, pies en alto, cabeza apoyada en el borde alto del respaldo. Me rodea ese silencio sonoro que solo la naturaleza nos transmite. Estoy despierto, con los sentidos activos y sin mediar pensamiento concreto: solo sentir…

Suena el mar bañando la arena con su ritmo incansable. El viento suave agita las largas hojas de las palmeras dándole sonido, acariciando mis oídos. Me siento arropado.

Clarea por levante.

Un piar solitario de un gorrión se va encontrando arropado por otros. Los mirlos se desperezan también. El cielo empieza a ser surcado por decenas de vencejos. La vida de un nuevo día va surgiendo con fuerza, con color, con sonido. El aroma del mar lo impregna todo. La sinfónica natural está tocando su melodía.

Buenos días.

Es una delicia

Es una delicia.

Avanzo tranquilo por la autovía que parte las salinas de El Puerto de Santa María de las de Puerto Real. Los cielos están teñidos de rosa y naranja. Las aguas poco profundas brillan como un espejo fantasmal, insertadas en las sombras negras irregulares de las orillas y las montañas de sal reciente.

Bajo la ventanilla mientras reduzco la velocidad del coche… Aspiro el aroma… Dejo que la luz y el olor me invadan… No veo a mis queridas aves, se han retirado… Siento estar en mi casa de nuevo, con esos espacios abiertos, llanos, sin más límite que la sierra de San Cristóbal… ¡Cómo no iban a quedar atrapados los fenicios en estas tierras, otrora mar!

Soy como un fenicio: siento la tierra, el mar, el viento y su luz. Esa *twilight* que definen los hablantes del inglés y que con un solo fonema describe estos momentos del día. Pero no pueden encerrar la energía de esta tierra, su ser.

Sí, he vuelto a mi casa.

En la tranquilidad de la noche

En la tranquilidad de la noche, en la terraza, escucho la música grave del océano contra la orilla. Lo oigo en ese batir constante, sin fin, que nos regala la dimensión infinita de la vida en su más básica medida...

Escucho el coro de grillos entre el aroma dulce de la flor de la dama de noche, mezclado con un suave toque de los pinares cercanos...

Escucho lejanamente los restos de alguna fiesta tardía, casi inaudibles, de alguna despedida de verano...

Contemplo el cielo oscuro con esas nubes que prometen cubrirnos de la luz del sol en breve. Regarán las tierras y calles, las casas y las gentes, y nos mostrarán la llegada del otoño. Espero que empape la tierra de los pinares y que este año tengamos el regalo de los níscalos en su tiempo, y del resto de setas, y del verde del campo...

Estoy deseando salir a explorar estos pinares cercanos para sentir cómo la tierra atrapa mis pies y me hace sentir su pulso, su aroma, su tacto.

Sensaciones

Apalancado en la hamaca, dejándome envolver por el viento de levante, dejo que en la intimidad de la noche afloren mis sensaciones. El aire aún cálido me arrulla. El sonido de las hojas de palma da la melodía que compone la música de la naturaleza. La lejanía del ritmo discotequero hace de contrapunto y me recuerda que es julio, verano…

Respiro relajado. Miro al cielo sin luna y veo brillar las estrellas; la Osa Mayor espléndida justo frente a mis ojos.

Vuelo…

Siento mi piel, siento mi corazón, me siento en el aire volando.

Estoy vivo.

Lento amanecer

El amanecer hoy viene lento, como mi respirar. Estaba en la cama dejando que la luz rojizo-anaranjada fuera inundando lentamente la habitación. Disfrutaba del momento, escuchando el suave sonido de las olas regando la arena de la playa, cuando apareció el piar de algún gorrión madrugador.

Reabrí los ojos despierto del todo. Me levanté con parsimonia, sin ningún apriete social que me expulsara fuera de la cama; únicamente con la urgencia fisiológica de todas las mañanas. Ya liberado, fui a preparar mi cafetera matutina y a seleccionar el «pastillaje» de primera hornada.

Con el café recién hecho inundando la casa con su aroma dulzón y delicado, y tras haber ingerido las pastillas con una fruta fresca, salí a la terraza.

¡Qué maravilla! El sol ya inundaba todos los rincones. Los vencejos volaban regateando en el aire en grupos de docenas, en su ballet incomprensible y tan bello y tan efímero. Las gaviotas, otrora invasoras del mismo espacio, agitaban sus alas con medida elegancia. Los gorriones, descarados como solo ellos son, se posaban nerviosos a mi alrededor en busca de las migas que quedasen en el suelo, ignorando mi presencia.

La luz lo invade todo. Solo hay un par de personas vaciando los cubos de basura por la playa. Silencio natural. Olas, olor a mar, viento suave, ramas de palmera sonando, las aves inundando el cielo por rachas. El cielo de un azul limpio y brillante, el verde del bosque, el de mis plantas, las flores, la sensación del sol sobre mi piel…

La marea en bajada va dejando las rocas al descubierto. Los limpiadores ya terminaron y recogieron sus bolsas.

Sentado en la hamaca, pies en alto, café a mano, mi espíritu se deja llevar entre tanta armonía.

¡Me encanta la vida!

Buenos días a todos.

Os quiero.

Un abrazo.

Atardecer opaco

Hoy el atardecer es opaco. Los vencejos revolotean con su estridente trinar, recortando el aire en quiebros inverosímiles. El viento del oeste trae el refresco anhelado y augura una noche de suave descanso. Más suave, el piar nervioso de los pollos de mirlo y de gorrión empieza a tomar el control del fondo. En un momento, el ruiseñor se deja oír como calentando su pequeña garganta y luego enmudece.

La noche se va imponiendo.

El mar se retira dejando al descubierto los restos caídos de la muralla del fuerte de Santa Catalina y un rastro de algas que aromatizan el aire. Están ausentes las parejas jóvenes que escalan y merodean por los altos del fuerte que aún se mantienen en pie. Una pareja de novios vestidos de boda se ha realizado el reportaje pertinente entre las arenas mojadas de la playa, con Cádiz y su maravilloso puente como fondo.

El aire está casi silencioso: un motor lejano, el zumbido sordo y profundo de los motores de un avión de carga militar, los roces de las hojas de las palmeras circundantes, alguna voz ininteligible…

Mi propio silencio me invade poco a poco. Si nada lo disturba comenzaré a meditar, a sentirme pájaro, o viento, o una ola estallada contra las rocas, pulverizada y regadora. Una ola que llama a la tierra a formar parte del mar, insistente, constante.

Cansancio

Empiezo a sentir cansancio, ese cansancio de una pelea continua con las cosas que ocurren en la vida. Llevo peleando contra el infortunio desde muy niño: el maltrato paterno, la huida paterna, el traslado a otro país dejando amigos y primos, el primer accidente cuasi mortal.

Sigo con la recepción de la noticia e informe, con pésame incluido, por parte de un joven e inexperto médico a un desconocido aún más joven que él con un «lo siento, pero era cáncer» referido a la que era mi amada. El segundo accidente, este de moto, y el tercero que casi acaba con la familia Pardo de un plumazo.

Y a todo esto, el silencio del informe médico, escondido en las profundidades de un cajón durante años. Todo por el miedo de las intenciones declaradas por ella de abandonarme si su enfermedad hubiera sido esa: un cáncer. Secreto que me sacudía de arriba a abajo en cada ocasión que ella sentía o sufría algún evento estomacal. Con los años llegaron dos más, el divorcio y un tercero que acabó por perder ambos pechos. Y mi infarto de miocardio. Cuando murió mi madre, los trámites funerarios y la herencia que coleaba de mi abuelo recayeron en mí.

Ese cansancio está ahí. Gracias a que ya llevo varios años en los que saboreo la vida en sus pequeños detalles, parece que ya no lo siento.

Felicidad

Después de una tarde, noche y día centrado en la ayuda y el apoyo a mi querida prima —amiga entrañable por demás—, me siento en el sofá y repaso mis emociones.

Leo un rato y me encuentro con alguien que escribe hablando de la felicidad, de «ser feliz del todo», y recuerdo una de esas frases que han marcado mi forma de ver las cosas: «vivir momentos». Me doy cuenta de que la felicidad se vive y se mide por intensidades en ciertos momentos, y también por los periodos intermedios entre ellos en los que la intensidad disminuye o, mejor dicho, la amplitud de la vibración crece, haciéndonos sentir los matices de los instantes, esta vez en conjuntos armónicos de varios de ellos relacionados.

La felicidad es un navegar por esas ondas sintiendo y saboreando cada detalle y, asimismo, es el imaginar lo que puede ser en el futuro otro —u otros— de esos «momentos».

Navegar por esos océanos es vivir las emociones, es cultivar nuestros sentimientos, es amar la vida. Amo la vida.

Despertares

Los momentos del despertar, antes de ponernos el traje de calle de nuestra personalidad, cuando fluyen libres las emociones y disfrutamos del momento; ese despertar del querer, del sentir, de notar cómo el aire penetra en los pulmones, de sentir la vida propia... Es en esos momentos cuando tu presencia se hace patente en mi interior. Cuando siento la alegría que transmite tu madurez intelectual. Cuando veo tu sonrisa saltar desde tu mirada e inundar tu cara con esa ilusión tan intensa, infantil por su pureza. Es cuando derrites mi alma y, por un momento, mi corazón se detiene expectante... y sé que mi amor no es un invento, ni un deseo, simplemente es.

Amanece

El sol anuncia su despertar y comienza a lanzar sus primeros rayos según va abriendo sus ojos.

El mar, entrañable reflejo de la luna, se deje esta ver o no, ha comenzado su retirada, dejando un rastro de espuma, conchas vacías y algas, mientras suena la melodía sin fin de su lamento y algarabía.

Los pájaros ya despiertan y nos deleitan con sus coros alegres y demandantes.

La vida está aquí, despertando.

El sol enrojece el cielo intensamente y tiñe los haces sueltos de nubes.

La brisa nos trae aromas marinos y boscosos de los pinares.

Suena el motor de una moto Vespa.

Llegan los humanos. La magia se refugia en sí misma.

Amanece.

Arrecia el viento

Arrecia el viento. Todo el día se lo ha pasado trayendo y llevando nubes como si estuviera recomponiendo un rompecabezas en algún lugar remoto. Ahora el sol está dejando su abanico de colores, virando al rojo desde el amarillo, jugando con las luces de alguna nube que aún no encontró su sitio en el tablero.

El viento trae fresco, trae nuevos momentos, y yo quiero que se lleve lo que me sobra, que su soplo arrastre los desechos que me agarran al suelo e impulse mis alas y vuele, vuele, vuele.

Luna del cazador

Es de noche. Estamos ya entrando en el otoño, de momento seco y sin frío.

Acoplado a la butaca de jardín con los pies elevados, deleitándome con el olor de la dama de noche y el sonido de los grillos que rompen el silencio calmado, la luna del cazador domina el cielo egoístamente sin dejar que ninguna estrella dispute su dominio. En este ambiente dejo que la energía del universo se apodere de mí, siento la suave brisa nocturna acariciar mi piel y llenar mis pulmones, sueño con mis sueños logrados y con alguno desechado, imagino el devenir próximo y pienso que los deseos, los nuevos sueños, se harán o no realidad sin importar lo que el soñador hubiera soñado ni lo que este hubiese deseado.

Esperar.

La espera entre momentos es mucho mayor que los momentos en sí mismos; nos pasamos la vida esperando, esperando a que nazca un hijo, esperando a saber el resultado de un examen o prueba, esperando en el aeropuerto a que aterrice el avión donde viene nuestra amada, esperando a que alguien decida algo, esperando a que la tormenta amaine, esperando…

Y mientras, entre *esperandos* y momentos, vivimos nuestra vida y encontramos chispazos sorpresivos de momentitos inesperados.

No puedo quejarme, sería un desagradecido, pues hubo un momento en el que, después de una espera de años, encontré. Ya lo que venga será siempre a medias, será compartido.

La luna llena de El Cazador, como buen lunático que soy, me inspiró este escrito; no me toméis mucho en serio, solo lo que se merezca.

Capítulo sexto

TEMAS POR ENCARGO

Navidad

Desde que recuerdo, la Navidad ha sido un momento especial en mi vida, y llegó un día en que dejé de preguntarme por qué había que circunscribir a una fecha del año el Espíritu Navideño, por lo que decidí vivir todo el tiempo como si estuviéramos en estos días. Y mira por dónde: hace tres años me encontré con una mujer que es ella misma el alma de este sentir…

Desde ese día vivo con ella envuelto en este manto maravilloso.

Amor, amor

Qué poca importancia tienen para mí las fechas señaladas socialmente; las que sí la tienen son las personales, las próximas, los cumpleaños y algunos santorales.

El Espíritu Navideño lo llevo conmigo todo el año; el Día de Difuntos está en mi memoria cada vez que el recuerdo de un ausente me asalta; el Día de lo que sea —de la mujer, del niño, del abuelo—, o los vives cada vez que despiertas, no tiene otro sentido que el comercial o político.

Día de los Enamorados... ¿Un día? ¡Qué pobreza! El día que no me siento enamorado es un día vacío, y no recuerdo ninguno en toda mi vida. Será más o menos intenso: a personas, a animales, a flores, a paisajes, a ideas, al mismísimo aire puro y limpio del campo, al olor a tierra mojada después de un período de sequía, a sentir el agua de lluvia correr por entre mis pelos y escurrir por mi cuerpo, al sabor de unos huevos fritos con cebolla, al momento de pensar y conseguir una fotografía de la naturaleza, a tantas y tantas cosas, a tantas personas que me llenan el alma con sentimientos de amor, a la pasión contenida y explayada de quien me está dando el suyo... Amar es consustancial en mí; ¿cómo lo voy a arrinconar en un solo día?

Capítulo séptimo

ALGO DE POESÍA

Un ensayo

Subir primero,
bajar a los infiernos,
huir del fuego.

Buscar el hielo,
apagar mi incendio,
encontrar la paz.

Volar de nuevo,
sentir el aire subir
entre mis manos

Otear la luz,
admirar su belleza,
escuchar su voz.

Brota el amor,
destroza mis barreras,
¡soy libre al fin!

El amor, cuando solo fluye en una dirección, es muy duro de vivir. Un viaje a los infiernos del dolor es inevitable en esos casos, y viajé por ese amargo camino. Por allí encontré espacios limpios y vi la salida… y salí… Y volví a soñar, a sentir el aire fresco en mi rostro, y pude disfrutar de la ilusión nuevamente.

Pero era una ilusión fría, helada, que sirvió para apagar el fuego interior del paseo por los infiernos.

De pronto me vi volando solo, envuelto en las corrientes cálidas de los vientos ascendentes y, cual ave rapaz, desplegué mis alas siguiendo las espirales hacia el cielo.

Desde la altura vi una voz, oí una luz, y volvió a mí el calor y la ilusión, y me dejé envolver por ella.

Volvió el amor a mi vida y me sentí completamente feliz. Y sigo volando.

Sé que esa voz está ahí, en algún lugar que no puedo ver, pero que siento…

Voy…

Sin tiempo

Sin tiempo
espero que llegue
el momento
de sentirte como yo te veo,
de darte lo que soy,
de recibirte bien adentro,
de saber que un amor
así, como el nuestro,
no tiene fin ni comienzo.

Sueño que se hace real

Sueño que se hace real
y aparece ante tus ojos
lleno de esperanza
de manera inesperada.
Para ti, que no para mí,
que llevo viéndolo venir
y marchar, y volver a venir
como las olas del mar van
y vienen a los pies a morir
para volver a nacer sin fin.
Cómo hace este amor extraño
que nace y muere cada día,
que surge enorme, apasionado,
rebosante de luz y de energía
iluminando nuestras vidas
y se torna oculto caminando
por la senda oscura del miedo
dudando si gritar o reír,
si llorar o permitir,
que vuele libre,
que salga de mí,
que busque otro nido.

Sueño que por fin dejas salir
ese enorme amor que te inunda
que quiere expresar su sentir.
¡Déjale que salga, que fluya!
Este corazón sin dueño
quiere pertenecer a alguien
y nada mejor que tu sueño
para vivir y morir con quien
quiero compartir vida,
alegrías, cante y duelo
con ese ser pendiente
de amar y dejarse amar,
con esa mujer amante,
amiga, compañera.

Y sueño que por fin dejas salir

Sueño que por fin dejas salir
ese enorme amor que te inunda
que quiere expresar su sentir
¡Déjale que salga, que fluya!
Este corazón sin dueño
quiere pertenecer a alguien
y nada mejor que tu sueño
para vivir y morir con quien
quiero compartir cante,
vida, alegrías y duelo.
Con ese ser pendiente
de amar y dejarse amar,
con esa mujer amante,
que sueña con encontrar
ese hombre itinerante
que acierte con la frecuencia
en la que late su corazón,
que vibre con su misma latencia,
que exprese su misma pasión
y sienta…
su esencia…
y viva con ella.
Ese quiero ser yo.

Capítulo octavo

MI QUERIDA COMPAÑERA FIEL

Encuentro

Primer verano en Madrid después de llegar del Caribe, luego que mi padre decidiese hacer fortuna lejos de nosotros y que repitiese la fuga anterior, donde dejó a otra familia descabezada. Mi hermano nunca supo la suerte que tuvo por librarse de un posible y muy probable maltrato, del que yo no tuve opción de librarme.

El calor aquí es diferente; es seco y directo, con el aire quemando las entrañas al respirar, donde buscar la sombra no es una opción mejor, como pasa en las Antillas. Allá esa brisa marina es constante y, junto a la humedad que lleva, te refresca tanto la piel como el interior. Aquí quema; el sol calienta el aire y este te abrasa la piel y los pulmones.

Solo encuentro alivio en los helados. Otra cosa que no reconocía, pues allá un «mantecado» es un helado de leche y fruta como aquí, pero alrededor de un palo, y ahora ves el «helado» en una barra larga que el vendedor corta con un cuchillo de hoja ancha y lo coloca entre dos galletas cuadradas de una cosa que llaman barquillo. Para comerlo vas dando vueltas al bocadillo y lames los bordes, al tiempo que la galleta se va deshaciendo. Te pringas toda la mano y parte del brazo como no te des prisa, y no quieres correr para que dure más.

Pues estaba yo tan contento con mi helado de dos sabores, chocolate y vainilla, esperando a mi amigo en la acera de nuestra calle, justo debajo del que creía yo que era su balcón, mirando al helado mientras daba cuenta de él y, a su vez, buscándole en la altura del edificio.

La calle es ancha, con un bulevar en el medio que dividía los dos carriles de circulación y que tenía zonas de aparcamiento a ambos lados del paseo central; los álamos blancos a los bordes del acerado eran jóvenes, de unos tres o cuatro metros de altura, y ya daban sombra a los vehículos aparcados y cobijo a los intrépidos y descarados gorriones. Por la avenida perpendicular a mi calle circulaba una caravana fúnebre encabezada por uno de aquellos singulares coches negros que transportaban los féretros desde el lugar del velatorio hasta el cementerio, y que iban seguidos de una cohorte de coches de longitud variable en función de la importancia del muerto.

Generalmente su caminar era lento para que nadie se perdiera y provocaban un retardo en el tráfico considerable; creo yo que rememoraban de alguna manera los desfiles de antaño, con los coches tirados por caballos y la gente caminando tras ellos.

Y yo seguía mirando hacia arriba y, como no conseguía localizar a mi amigo, me arrimé al bordillo de la acera para ver mejor.

Desperté de un sueño no deseado, de un sueño al que fui llevado repentinamente gracias a las prisas de un conductor que quiso evitar el atasco desviándose de su ruta por mi calle, un conductor de alta graduación militar del ejército español que conducía con un brazo escayolado un vehículo de esos que llamaban «haigas», un coche americano grande y potente, y que me enganchó el borde del mahón —nombre del pantalón vaquero en boricua— con su parachoques y me succionó bajo él mismo, arrastrándome unos cincuenta metros.

Las voces de los vecinos detuvieron el vehículo. Sonó un violento frenazo que paralizó el corazón de todo aquel que pudo oírlo y alertó a mi madre, la cual se asomó a la ventana de nuestra casa y pudo ver cómo Fernando, el panadero del barrio, sacaba un niño de debajo del coche que vestía como su hijo, los mahones con el dobladillo exterior y la camisa a cuadros de colores vivos, que sangraba a borbotones por la cabeza y salía con él en brazos, corriendo calle abajo.

Ella, pálida, sin sangre en la cara, con el corazón en un puño y rezando para que fuera el niño de otra madre, soltó todo y bajó las escaleras como alma que lleva el diablo, siguiendo los pasos del buen samaritano que corría hacia el sanatorio que estaba a escasa distancia.

Entraba Fernando en el pequeño hospital pidiendo ayuda a voces y dejaba al niño en manos de los sanitarios de guardia, seguido a la carrera desbocada por la madre, sin aire que respirar, demandando una súplica tras otra que alguien le asegurara que estaba bien, porque ella estaba convencida de que era su hijo el que ya había entrado en quirófano.

El tiempo de espera se hace interminable mientras los médicos luchan por arreglar el desaguisado. Pasan las horas, la inquietud angustiosa del no saber es tremenda, los acompañantes de la madre, vecinos y testigos del accidente, empiezan a desaparecer poco a poco. Alguien ha avisado a mi tío Jesús, primo hermano de mi madre, que aparece en el hospital con su mujer, Marisina, su madre, doña Leo, y un frasco de agua bendita de Lourdes por si hiciera falta.

Sale el médico.

La expresión de esperanza en las caras de los presentes ilumina la escena, y el buen doctor les da una alegría. ¡Vive! El alivio se escucha, se siente, las tensiones casi desaparecen. Las noticias son buenas, en principio. «El traumatismo ha sido craneal, con apertura del cráneo en el parietal derecho, algo en el hueso frontal y rotura sin desprendimiento en la base del occipital. Ha habido alguna pérdida de masa encefálica. El pronóstico es grave y hay que esperar a ver la evolución» les anuncia el cirujano. «Ahora mismo las constantes vitales son regulares; hay que dejar que evolucione; en cuanto despierte de la anestesia le llevarán a una habitación», remata. «¿Qué consecuencias o secuelas tendrá, doctor?», pregunta la madre. «Es pronto para saberlo, pero por las zonas afectadas y dependiendo de la pérdida sufrida lo más probable es que tenga problemas de habla, de oído o de motricidad; incluso que sufra ataques epilépticos. Como ya he dicho, hay que esperar».

Ya en la habitación alguien se atreve a darme a beber —a mojar los labios realmente— un poco del agua bendita de la Virgen de Lourdes. La fe me rodea.

Pasó por mi lado, me miró al alma y decidió que viviera, que no me llevaría con ella, que en su momento valoraría si había acertado o no tomando esta decisión.

Despierto rodeado de amor. De ese amor que, sin saber por qué, nos envuelve y rodea, nos ayuda a sobreponernos, nos llena de energía, de ganas de vivir, de reír, de llorar. «¡Milagro!», dicen las voces familiares. «¡Sorpresa!», dicen los médicos al ver que despierto y me incorporo en la cama. «¡Tengo hambre! Hambre de vivir».

Visita imprevista

Me ha costado una conversación convencer a mi abuelo de las bondades de estudiar Teleco en lugar de Medicina, que tanto él como mi tío oftalmólogo Rafael me insistían que me formara en ello.

Pensaba que la electrónica se refería a arreglar neveras y televisores, hasta que le expliqué lo que por aquel entonces yo creía que era realmente.

Entré en la escuela y descubrí que aquello, a mí, me importaba un carajo; las telecomunicaciones no me interesaban para nada, así que admití mi error, aguanté ese curso en la escuela aprendiendo los mecanismos de acción dentro de la universidad.

En febrero de ese mi primer curso, murió mi abuelo de un paro cardíaco mientras dormía. Fue un punto de inflexión en mi vida, en el que mi madre, sin la referencia masculina de su padre, descargó en mí la responsabilidad de la toma de decisiones, al menos en un principio. Fue un año de descubrimientos, de crecimiento hacia la madurez irresponsable de un joven sin ocupación universitaria ni laboral, con cierta independencia económica por actividades industriales y comerciales que me reportaban ingresos no estables, pero que permitían hacer otras cosas que conllevaban gasto económico. Como, por ejemplo, salir a carretera a conducir por el simple placer de hacerlo, o recorrer una ruta de castillos sacando cantidad de fotografías, o perseguir un autobús de excursionistas femeninas procedentes de Zaragoza con destino Granada y seguirlas hasta allí mismo.

A final de curso me despedí de Teleco y me inscribí en Medicina, dando la razón a mi familia y reconociendo mi error, que realmente era más espíritu de contradicción que desinterés por ello, porque en el fondo me gustaba.

¿Qué especialidad? Neurocirugía —Dios nos libró de un chapucero con el bisturí— y traumatología, que debió de ser por mi propio historial de accidentes de todo tipo.

Y mira por dónde el primer día de clase me encontré con un compañero del colegio San Agustín que ya estaba en tercero, con el que me puse al corriente de antiguos colegas y sus circunstancias. Asistí a la clase, que trataba de cardiología, y descubrí que aquello de lo que hablaba el profesor yo ya lo había estudiado en una de mis exploraciones sobre temas que me interesaban. Me sentí bien, cómodo e interesado; no había perdido el tiempo tanto como parecía.

Cuando me dirigí a mi aula, la de primero, me encontré con una asamblea de estudiantes que estaba planteando una huelga, una de tantas que por aquellos años se hacían realmente como protesta contra el régimen franquista, utilizando cualquier excusa. Y se aprobó la huelga. Y duró todo el curso académico. No podía permitirme otro año inactivo o a medio gas, pero no sabía qué hacer.

En eso cayó en mis manos un pequeño libro acerca de los test gráficos, que devoré y estudié a fondo, abriendo un camino inesperado: el de la psicología. No era neurocirugía, pero al menos mis manos no destrozarían una maquinaria tan perfecta como el cerebro.

Me inscribí en un curso presencial de interpretación de la personalidad a partir de las manifestaciones gráficas que puedan hacer las personas, tanto dibujos como escritura, curso que impartía el profesor D. Mauricio Xandró, a quien le doy las gracias desde este escrito, el cual me enseñó multitud de aspectos de los «graphos»: presión del trazo, utilización del espacio, manejo físico de los elementos, en fin, muchos aspectos. Usta y yo, mi amigo de correrías con el coche por esas carreteras de Dios —un Seat 1400 con motor del 1430 y carburador de doble cuerpo— nos compramos a medias una moto de campo de 360 cc, una Bultaco de segunda mano; ni que decir tiene que mi madre no sabía nada y, además, yo no tenía carné de moto aún. Compartíamos su uso y esa tarde la tenía yo.

Llegaba tarde; me había entretenido demasiado y el tiempo voló, así que, montado en la moto, recorría las calles de la zona de Chamartín con celeridad, nótese el eufemismo, pues si algo tenía el profesor Xandró, además de sus conocimientos, es que no dejaba más de cinco minutos de cortesía antes de cerrar la puerta y no dejar entrar a nadie a su clase.

Girando por Raimundo Fernández Villaverde a la izquierda entré en la calle Edgar Neville, entonces General Moscardó, y en el primer semáforo que pillé allí cambió a ámbar. «Me da tiempo», pensé, y no frené.

Desde la calle Basílica, perpendicular a la vía por la que yo iba, un vehículo se adelantó en la típica maniobra impaciente de arrancar cuando el semáforo de peatones cambia a rojo, pero el de coches aún no está en verde; al darse cuenta de que yo iba a pasar, frenó, pero el Renault 11 que estaba a su izquierda, en paralelo, pienso que de manera instintiva, también arrancó al tiempo que el otro, pero no frenó.

Al ver asomar el morro blanco del Renault, apliqué los frenos a tope e inicié una maniobra de esquiva, pero la poca arena suelta que había en el asfalto hizo que patinara la rueda trasera y no pudiese cambiar de dirección. El golpe lo viví en cámara lenta: patinazo, las mil palabras malsonantes que usted pueda imaginar, topetazo con la rodilla izquierda contra la zona de las ruedas del coche, salida por el aire, despedido volando por encima del capó y aterrizaje en el asfalto de culo unos veinte metros más adelante. Todo despacio, todo muy lento.

En la zona de los Jardines de la Basílica había unos espacios amplios de aparcamiento muy solicitados, y unos policías municipales —los gorrillas— estaban haciendo su cupo de denuncias del día. Estos, al oír el accidente, se volvieron y acudieron al escenario.

Por la visión periférica les había visto de espaldas al cruce, pero atestiguaron que me había saltado el semáforo en rojo. Al igual que decía el conductor del Renault, que era piloto del ejército del aire, y yo no era más que un motero loco. Me llevaron al centro sanitario porque no se creían que no me pasara nada; así que, al intervenir un médico, ya no pude evitar un juicio; y yo sin carné de moto.

Aquí se juntaron mis dos amigos inseparables: mi amiga la dama de negro y mi ángel de la guarda, Haheuiah. Durante el vuelo pude ver cómo ambos se saludaban y, tras una breve conversación gestual, acordaban lo que acordaron, y la dama me sonrió y se fue.

Por fin llego a casa y me recibe Igor, mi pastor alemán, deseoso de salir. Tengo la rodilla izquierda maltrecha del golpe; en el consultorio médico ni me la revisaron ni nada, así que me dieron el alta. Espero que el perro se comporte mejor que de costumbre y no tire de la cadena como una mala bestia, pero vana ilusión: tira como si le fuera la vida en ello. Eso sí, hace sus necesidades enseguida, por lo que regresamos pronto. Estoy deseando quitarme la ropa y estirarme en el sofá. Cuando me bajo el vaquero, la rodilla se hincha como un globo. La dama no me llevó, pero me ha dejado un regalo.

Estoy solo.

No hay amor, como en la primera experiencia, solo el del animal fiel.

Visita de apego

Sumergido en mis pensamientos conduzco el coche que nos ha prestado mi cuñada, un Citroën Dyane, de regreso a la casa de mis cuñados en Pozuelo de Alarcón, vivienda provisional mientras conseguimos vender la casa de la sierra, la de Robledo de Chavela; vivimos con ellos por causa de un desencuentro con mi madre que se produjo por una mala interpretación de sus deseos y los nuestros, y en el que lo que iba a ser una convivencia conjunta en un chalet comprado con la venta de un apartamento de mi madre, la cual nos había cedido para que fuera nuestra vivienda, y nuestra aportación en el pago de la hipoteca, acabó siendo una ruptura de relaciones con ella; la hermana de mi mujer vio en ello la ocasión de tener a su sobrina (que ella siempre ha querido considerar como nieta, y a su hermana como hija) en la esfera de su influencia; como punto negativo tendría que soportar mi presencia, pero ya se bandearía ella.

Vamos en el coche mi mujer, sentada detrás para sujetar a nuestra hija aún muy pequeña, y yo, la familia completa. Llueve no con mucha intensidad, pero lo justo para ensuciar el asfalto y hacerlo deslizante, deshaciendo una racha larga de sequía.

«¡Maldita lluvia de invierno! Este goteo fino que solo sirve para embarrar el firme me desespera; además parece que los conductores le tienen miedo al agua y pueden hacer cualquier barbaridad. ¡Qué peligro!».

Entre la mierdilluvia, el cabreo sordo que llevo encima y los morros de mi mujer, el trayecto se me está haciendo eterno.

Y este cacharro, que es un botijo con ruedas, todo lata, anda menos que un caracol; si hubiera tenido nuestro coche ya habríamos llegado.

Puto taller.

Puñetero Dyane, parece que flota la dirección y, con el vaivén típico de este coche, tengo la sensación de ir conduciendo sobre una pista de hielo.

Lleva encendido el testigo de la reserva desde que salimos de comer, ya no debo apurar más, así que a parar en la primera gasolinera. «Menos mal que está la Repsol de Puerta de Hierro aquí cerca».

La cuesta abajo que nos lleva a la estación de servicio es muy delicada, larga y, con el suelo como está, es muy peligrosa. En condiciones de suelo seco es una invitación a pisar el acelerador, pero hoy no. Voy con cuidado de no hacer ninguna maniobra brusca, evitando los demás vehículos, así que me sitúo en el carril derecho para entrar a repostar por la entrada a los surtidores. El Manzanares pasa por debajo de la autovía, haciendo la autovía una curva suave a izquierdas por un puente sobre el río. La entrada es directa, en paralelo a la calzada.

Es una Repsol grande, en un punto estratégico, la Puerta de Hierro en la carretera de La Coruña; bien que podían modificar la entrada y hacerla más segura.

Entro.

Están ocupados todos los surtidores. Me pongo en el primero, detrás de uno que está repostando.

Se va.

Adelanto y me coloco.

La gran cubierta que cubre todos los surtidores me libra del agua.

Viene el gasolinero.

«¿Qué va a ser?».

«Normal. Lleno, por favor».

Se para detrás nuestro un Renault 5 ocupado por cuatro chavales. Van de viaje y todo el habitáculo está repleto de bolsas de todo tipo. Es como la habitación de un adolescente, todo desorden y caos.

Empieza a suministrar gasolina. El olor de la gasolina me encanta, siempre me ha gustado.

Mientras el empleado de Repsol rellena el depósito del coche, por el rabillo del ojo veo la imagen de un autobús entrando en la gasolinera. Y luego nada. Oscuridad.

«¿Dónde estoy?». Desorientado y tras pasar de una situación conocida y controlada a otra desconcertante, intento situarme, busco algo que me diga que no estoy soñando.

Percibo que estoy tumbado en el suelo, húmedo y encharcado, y que me protege la cubierta familiar de la gasolinera. Me intento levantar, pero un intenso dolor en mi pierna derecha me dice que mejor no, que me quede quieto de momento. Miro a un lateral y veo una superficie gris como el día y me parece una película de ciencia ficción: todo está vacío de gente, ni un alma; todo el suelo lleno de cristales rotos, de esos típicos de los cristales templados, como cientos de vasos de Duralex rotos. Y silencio, no se escucha nada.

Los cientos de cristalitos brillan al estar mojados por la lluvia.

Por el fondo del paisaje vacío veo a dos guardias civiles de tráfico con sus cascos calados, sus botas de mediacaña, sus pantalones ajustados, que vienen corriendo hacia mí. Con sus viseras elevadas les puedo ver la expresión de susto y, según llegan, me preguntan.

«¿Cómo se encuentra?».

«No me puedo levantar», contesto.

«¿Quiere algo?», me pregunta el otro.

«Sí, un cigarrillo, por favor».

«Sí, claro».

Le tiembla la mano y me lo da encendido.

Llega un hombre corriendo, con gafas, de aproximadamente cincuenta años.

«Soy médico. Déjenme ver».

Me rasga la pernera del pantalón.

«No es fractura abierta. ¿Ha perdido el conocimiento?».

«No lo sé».

«Mejor no fume, puede hacerle vomitar».

Lo apago contra el suelo.

Oigo decir que hay gasolina regada por todo el suelo y yo he apagado el cigarrillo allí. Tomo conciencia de lo que pasa.

«¿Dónde están mi mujer y mi hija?».

Estaban dentro del coche.

Las veo, están en el perímetro que marca la policía, mi niña en los brazos de su madre, que está con un susto de muerte, pálida y con los ojos tan abiertos que parece se le van a salir. Lo mira todo sin entender, como nos pasa a todos.

«Están bien». Me tranquilizo y sonrío para mis adentros.

Me ven. No les dejan pasar a donde estoy y en eso llegan los de la Cruz Roja; me suben a una camilla y me meten en una ambulancia con sitio para dos. Ocupados ambos espacios, uno encima de otro, salen disparados con las sirenas a toda marcha.

Desde dentro se escucha amortiguado.

No siento nada, estoy aturdido, como fuera de sitio. Me recreo en el movimiento de la ambulancia, en sus sonidos, en las luces. Es mi primer viaje en ambulancia estando «averiado».

Ya en el hospital la camilla la cambian por una cama. Es asombroso cómo los sanitarios son capaces de llevar a un paciente desde una cama a otra sin tocar el cuerpo, agarrando las sábanas y, con un movimiento coordinado, traspasar el bulto de un sitio a otro sin que se caiga nada. La confianza en el buen estado de la ropa de cama es inaudita, por demás. Ahora sí que duele la pierna. El movimiento, aunque delicado, hizo notar la avería.

«¿Cómo se encuentra?», pregunta el médico de urgencias sin esperar respuesta. «Sacadle una placa», ordena, y el celador empuja la camilla por los pasillos del centro hacia la sala de rayos. Es un viaje de obstáculos: pasillos amplios con multitud de cachivaches por los laterales, mesas auxiliares con material sanitario, sillas de ruedas, unas vacías, otras con ocupante, unas aparcadas, otras también en movimiento; un espectáculo para un observador ajeno, si lo hubiera.

Ya tengo la radiografía hecha.

Me llevan a una sala entre biombos, solo, no hay nadie más.

De repente empiezo a temblar, me agito sin control y siento un frío interno tremendo. Me castañetean los dientes tanto que temo morderme la lengua.

No viene nadie.

Me siento solo, abandonado, no sé nada de mi familia.

Se me cruza por la mente el temor a perder la pierna y eso incrementa mi desazón.

Siento una sensación de desgarro en la rodilla como si una mano de hierro me clavase sus dedos agudos y arrastrase todos los tejidos.

¡Qué soledad! Sensación de abandono que me muestra mi amiga.

No, no te vienes hoy, pero te dejo un regalo para que no te olvides de mí, querido. Cada día que sientas dolor, que serán muchos, me recordarás.

Y te reservo unos meses de placer sádico con la rehabilitación.

Corazón

Estoy cumpliendo con mi parte del trato, he transformado mi vida y he cambiado mis hábitos por completo, me he trasladado a Cádiz a vivir buscando un clima de costa sin heladas, reencontrando ese aire húmedo con sabor salado que, sin ser realmente consciente de ello, añoraba desde mi salida del Caribe y la entrada en la meseta seca castellana de Madrid. En cada ocasión que me desplazaba a la costa por vacaciones o trabajo, mi cuerpo reaccionaba como esas plantas que, al sentir un leve rozamiento, se pliegan sobre sí mismas y se ocultan; a mí me pasaba lo contrario, me expandía y respiraba profundo. El mar, mi gran fuente de energía.

Aquí he hallado ese clima, esa energía vital, esa alegría de vivir las cosas sencillas, sin prisa, sin precipitaciones, saboreando cada bocanada de aire, cada descubrimiento de la más pequeña naturaleza salvaje; salir a caminar y maravillarme con esa flor diminuta que se agarra a la vida y nos muestra su belleza en una grieta de un acerado cualquiera es descubrir lo maravilloso en lo pequeño ignorado por la gran mayoría de personas, yo mismo en vida pasada.

O descubrir la belleza arquitectónica del lugar donde vives y que paseas a diario sin ser consciente de ello; ese marco de nuestra vida, ese escenario ignorado por habitual nos envuelve y hace que estemos satisfechos de vivir en semejante lugar, nos atrae magnéticamente y no nos suelta.

Además, hay lugares concretos que tienen un foco energético único, como es el río Guadalete en su última curva, donde se inicia la fusión de aguas y de corrientes en su andadura hacia la desembocadura en la bahía de Cádiz, o la costa, en gran medida artificial, de Puerto Sherry, pero que en su embocadura de la playa de la Muralla, con su vista del océano Atlántico, despliega y sacude bofetadas de imágenes irrepetibles que me hacen vibrar.

Y sus gentes. Son especiales, vibrantes en su armonía con la tierra, transmiten sensaciones vitales en su gran mayoría. Me encanta entrar en los comercios y comprar, porque no es una transacción comercial como en los demás lugares del mundo; es un compartir la sabiduría de la vida en cada detalle, en cómo tratan al visitante como si le conocieran de toda la vida, en la pausada conversación mientras atienden. Y esto es aplicable a todo, tanto al que vende frutas y verduras como al mecánico que tiene su propio negocio, al podólogo, al peluquero, al panadero... la vida aquí tiene un calado de siglos, de mestizajes de razas, ideologías y creencias, de batallas, guerras, invasiones, amoríos, arte. El arte florece a todos los niveles: en el cantar de las gentes, en su flamenco, en su danza, en su vestir, en su manera de adornar cualquier cosa, desde una carreta, un caballo, un niño, un altar, una puerta de entrada a un recinto popular, una fachada plagaíta de geranios, un jardín en plena ciudad. Aquí la vida explota en colores y olores que no se encuentran en otros lugares y esa energía positiva te cala, te arrulla, te susurra y te atrapa. Cómo no enamorarse de esta tierra, cómo impedir que el amor florezca si tiene el mejor abono posible.

En este ambiente, mi alma se abrió y quiso entregarse a todo aquel que pareciera quererse dar también, y aunque en algún caso no fuera realmente así, la experiencia sigue siendo muy positiva, tanto que me place pensar y apreciar lo que ciertas personas me están dando.

Hay una persona que me enseñó poco a poco cómo y dónde merece la pena vivir esta tierra; desde apreciar el vino fino acompañado de unas gambas cocidas mientras un cantaor y su grupo se explayaban en el escenario de una peña flamenca, pasando por las tradiciones de, por ejemplo, las galeradas en Chipiona, o las asombrosas tapas de la época del mosto en los aledaños de Jerez, sin olvidarnos de las tortillitas de camarones en Sanlúcar con su inseparable manzanilla. Y no solo de tapas, también me enseñó el incomparable parque natural de Los Toruños y el bosque de pinos de La Algaida con sus rincones especiales junto al río San Pedro, donde pudimos disfrutar de comidas campestres de tortilla, pimientos, buen jamón y excelentes vinos de la tierra.

Y del descubrimiento de la fauna propia, sobre todo aves, de la flora diversa exclusiva de las marismas gaditanas, de atardeceres en las dunas frente a la bahía de Cádiz, de las largas caminatas por los diferentes senderos del parque, y ya saliendo del recinto natural, las zonas de las salinas más próximas a la población donde poder observar y fotografiar a los flamencos en su hábitat.

Todo esto fue el arranque; después vinieron mis aportaciones, mis curiosidades de ver más de cerca los flamencos y buscar y encontrar caminos para llegar a lugares donde descubrir, por ejemplo, un pequeño grupo de ibis, o la colección increíble de correlimos, avocetas, cigüeñuelas, o las excursiones caminantes de varios kilómetros cargado con la mochila de material fotográfico, o las otras con la moto por esas carreteras secundarias de la provincia donde descubrí varios lugares de acumulación de los huidizos flamencos, mis «bichos». Hubo un momento a lo largo de un verano en el que estos se acostumbraron al sonido del motor y se quedaban en el estero donde los descubría. Ni que decir que me inflé a sacar imágenes de todo tipo.

Y un buen día apareció ella. Y aquí sigue, y Dios quiera que por mucho tiempo, al menos lo que abarque mi vida y más allá.

Un día, un simple comentario, una sonrisa digital, nos puso en contacto, empezamos a hablar y no hemos parado. Desde el principio, y creo que este es nuestro nexo de unión basal, no hubo ningún tipo de ocultación ni de ideas, ni de deseos, ni de sueños, ni de penas, y aunque pensemos o creamos cosas diferentes no importa; es más, eso le da salsilla al día a día.

Mi mundo se iluminó con ella, mi vida cobró un sentido diferente, fue como llegar a la meta en una carrera con la diferencia de que seguimos corriendo juntos. Uno de los momentos mágicos que vivo a diario es cuando nos metemos en la cama y, aunque hayamos tenido un enfado o aunque estuviéramos disfrutando de un momento feliz, el encontrarnos juntos, el desearnos buenas noches, el besarnos con suavidad y ternura, recibir unas caricias, recordar algún evento del día, sentir su respiración junto a mí es una bendición.

Llegó el día en el que, caminando por el borde rocoso de la playa cercana a nuestra casa con mi pequeña mochilita de la cámara de fotos al hombro, tuve que detenerme y sentarme sobre una de las rocas por la falta de aire y el punzante dolor en la espalda debajo del omóplato. Recuperado el aliento, emprendimos de nuevo el camino de regreso. Me preocupó un poco, pero no le quise dar importancia, así que lo archivé en mi memoria como «no preocupante».

Pasados unos días, al regresar a casa de noche, hice una maniobra brusca con la moto para aparcar y nos caímos, sin ningún daño excepto el del orgullo; casi no pude levantar la moto y volvió el dolor de la espalda. Al subir las escaleras hasta el primer piso tuve que pararme a mitad de trayecto sin aire en los pulmones. Arriba me recuperé bien, se me pasaron las molestias y el aire fluyó con facilidad.

Y vino el cambio de vivienda, de un alquiler en un lugar extraordinario pero muy chico para dos, a otro más amplio con una gran terraza y en otro municipio, pero también provisional, de período escolar que llaman, es decir, con fecha de salida. Allí, la escalera de subida era tan larga como la anterior, pero en curva permanente y con el peralte cambiado; te caías hacia el eje, incomodísima. Me costaba una barbaridad subirla y bajarla, pero no había otro remedio mientras estuviéramos allí, hasta junio. Harto de las molestias, decidí ir al médico de cabecera o de familia y exponerle mis problemas, a lo que este me remitió al cardiólogo; allí me hicieron un ecocardiograma y la doctora que me atendió me ingresó de inmediato, toda apurada porque vio algo que no le gustaba; a la mañana siguiente, el cardiólogo jefe vino a verme y me quiso abroncar por ocupar una cama sin motivo, a lo que, sin poder salir de mi asombro, le repliqué que no estaba allí por gusto sino porque su colega me había ingresado. Me echaron, claro está.

Mira por dónde, a los días me llamaron del mismo hospital para citarme a otra ecografía cardiológica; se conoce que se duplicaron las peticiones, así que acudí de nuevo esperando encontrarme con la misma doctora que la vez anterior, pero no fue así; esta era muy joven y quiso repetir la prueba para despejar dudas.

Me dio cita para cardiología con relativa rapidez, pues a las dos semanas estaba allí. Me encontré con alguien que no conocía y, ante la perspectiva de tener que repetir mi historia a un desconocido que no sabía nada de mí excepto los ecocardiogramas que me hicieron, solicité muy seriamente y con tono poco amigable que la consulta la pasara quien me había atendido; ante mi petición, el médico, al que no le sentó nada bien, me remitió tres meses más tarde a otra consulta con la doctora jovencita. Cuando hablé con la doctora joven y le dije lo que había hecho, se escandalizó porque ese médico era el director del hospital.

«Pues será el director, pero no es mi médico; lo es usted», le dije a la asombrada doctora. Espero no haberle causado molestias a ella.

Estamos hablando de un hospital privado concertado con la Seguridad Social, en los que, asombrosamente, no hay conexión entre sus sistemas informáticos, por lo que la descoordinación campa a su aire libremente.

Decido acudir de nuevo a mi médico de familia para buscar solución y este me remite al hospital central de la zona a su departamento de cardiología, donde, tras hacerme un par de pruebas más, me ingresan. El cardiólogo me informa que lo que han visto no es determinante, que necesitan más pruebas y por eso estoy allí, para poder hacerlas con rapidez, así que al día siguiente comienzan, como no, con una extracción de sangre y un electro; programan un ecocardiograma más y, tras realizarla, deciden que tengo que hacerme un TAC torácico para ver cómo están mis arterias y mi corazón con exactitud, desde las ingles hasta el cuello. Más tarde supe el porqué de esa amplitud.

Los tiempos en los hospitales, cuando no te duele nada y puedes moverte, son enormemente largos y aburridos, pero no hay otra: solo leer, conectarte a internet, escribir en mi caso en el móvil, hablar a ratos con quien pilles a mano, asomarte a la ventana para sentirte como un condenado, aburrirte y preocuparte, esperar que tu acompañante no se declare en rebeldía y te abandone (tú no lo harías, ¿verdad?)…

Me hicieron el TAC por fin y el resultado fue que entraría en quirófano para ponerme tres o cuatro *stents*, depende de lo que se encontraran, así que empezarían mi preparación inmediatamente. Ahí supe del interés en mis ingles, pues accederían por ambas y por ambos brazos a mi sistema arterial coronario, crucificado e invadido por sondas.

¿Peligros? Que se rompiera alguna arteria, que no pudieran acceder a las zonas conflictivas, como ya pasó años ha con el primer cateterismo, que al inflar la arteria para poner el *stent* esta explotara, que la propia bomba provocara un paro; en fin, que lo milagroso es que saliera todo bien.

Me vi tendido en una sala de quirófano moderna, es decir, llena de pantallas y aparatos, rodeado de técnicos embutidos en sus batas verdes, mascarillas al canto, guantes de látex, tubos y cables, una gran parafernalia. Fácilmente había seis y algunos auxiliares. Como el hospital es universitario, imagino que habría más de un estudiante o MIR. Una operación técnica.

El cirujano jefe, muy amable, pequeño y de expresión segura, me explicaba lo que iban a hacerme sin mucho detalle. Empezaron clavando sondas por las ingles mientras miraban un enorme monitor que no me dejaron ver y que utilizaban para ver por dónde estaban avanzando. Algún problema hubo porque sacaron la sonda y metieron otra, o eso me dijeron, mientras otros iban surcando mis arterias radiales de los brazos; cuatro sondas camino del corazón. Y yo despierto, solo con una ligera sedación. Dicen que no duele, pues es verdad, no sientes nada por esos caminos arteriales, pero la boca de entrada en las muñecas y en las piernas duele del carajo.

Estando allí tendido, medio dormido, dejé de atender a los médicos y demás para escucharte. Me decías que no, que estaban actuando bien y saldría de esta… otra vez. «Has peleado bien estos años, has hecho lo que debías, esto es solo por el paso del tiempo. Te recuperarás. Además, aún tienes que escribir nuestra historia», me dijo con una sonrisa maliciosa. Te vi un poco desmejorada, el tiempo también pasa por ti, mi querida compañera; igual es que tenemos una para cada uno de nosotros, como los ángeles de la guarda. Por cierto, el mío también está allí. Pobre ángel, se está ganando conmigo las alas de oro.

Índice

Dedicatorias..5

Capítulo primero: Arrancando con un poco de mi historia......7
 Carta a mi padre 9
 Despedida..11
 Rehén emocional 14
 Historia de familia 19
 Eventos..21
 Eventos sigue…...24
 Eventos más...26
 Experiencias moteras 28
 Sentir la libertad..31
 Día de hoy...32
 Recuerdos 34
 Responsabilidad...35

Capítulo segundo: Filosofía personal y vital.........................37
 Mi concepto de hombre 39
 Mi concepto de hombre II.............................41
 Mi concepto de hombre III 43
 Mi concepto de hombre IV 46
 Es esencial ser uno mismo 47
 Trashumancia...48
 Una reflexión de Kafka 50
 Brevísimo 51

Religiosidad 52

Pilares 53

Separatividad..54

Atado 55

Prestarte mis sentidos 56

Reflexiones estelares 57

Reflexiones 58

La libertad y el ser...61

Uno mismo 62

Consciencia 63

Todo pasa 65

Realidad 66

Universo..67

Amanecer 68

Capítulo tercero: Amores deseados y soñados.....................71

Primer encuentro..73

Razones...75

Deseos 76

Acostado sueño..78

Buenas noches 79

Pros y contras 80

Algo sorprendente 82

Una escena 84

Quisiera...85

Ilusión 86

Domingo… dos días 87

Tranquilidad 88

Capítulo cuarto: Amor, amor 91

Cómo decirlo 93

Búsqueda 94

A mi mujer 95

A qué le tengo miedo 97

Pienso 98

Capítulo quinto: Sensaciones y emociones 99

Hay días, horas, minutos 101

Sueño profundo 102

Es una sensación 103

Es una delicia 104

En la tranquilidad de la noche 105

Sensaciones 106

Lento amanecer 107

Atardecer opaco 109

Cansancio 110

Felicidad 111

Despertares 112

Amanece 113

Arrecia el viento 114

Luna del cazador 115

Capítulo sexto: Temas por encargo 117

Navidad 119

Amor, amor 120

Capítulo séptimo: Algo de poesía................................121

Un ensayo...123

Sin tiempo..125

Sueño que se hace real..126

Y sueño que por fin dejas salir...............................128

Capítulo octavo: Mi querida compañera fiel....................129

Encuentro...131

Visita imprevista...135

Visita de apego 140

Corazón 146